Pages de couverture :

Peintures dans l'abri de Ti-n-Tazarift
au Tassili-n-Ajjer, dans le sud algérien ;
vue aérienne du Grand Erg occidental,
dans la région d'El Goléa, Algérie.

Pages de garde :

Relevé partiel des peintures du grand abri Ébérère
découvert en décembre 1993, tassilis du nord, Algérie ;
relevé de la frise gravée de Oua-n-Rechla
découverte en février 1987, tassili Oua-n-Ahaggar, Algérie.

Transboréal est une maison d'édition qui veut promouvoir
le travail d'auteurs, d'illustrateurs et de photographes,
ayant fait preuve d'abnégation et de courage
lors d'études ou de voyages au long cours
marqués par une réelle connivence
avec le milieu humain ou
le monde naturel.

1re édition, Transboréal, 23, rue Berthollet (Paris Ve)
Téléphone 01 55 43 00 37
Télécopie 01 55 43 00 38
Numéris 01 55 43 00 39

Conception graphique et réalisation : Transboréal
Avec l'aimable concours d'Annabelle Bard pour la cartographie

Gravure : Joker, à Romainville (93)
Impression : Techniques & impressions, à Rosny-sous-Bois (93)

ISBN : 2-913955-04-5

Dépôt légal : novembre 1999

François Soleilhavoup

SAHARA

VISIONS D'UN EXPLORATEUR DE LA MÉMOIRE RUPESTRE

TRANSBORÉAL

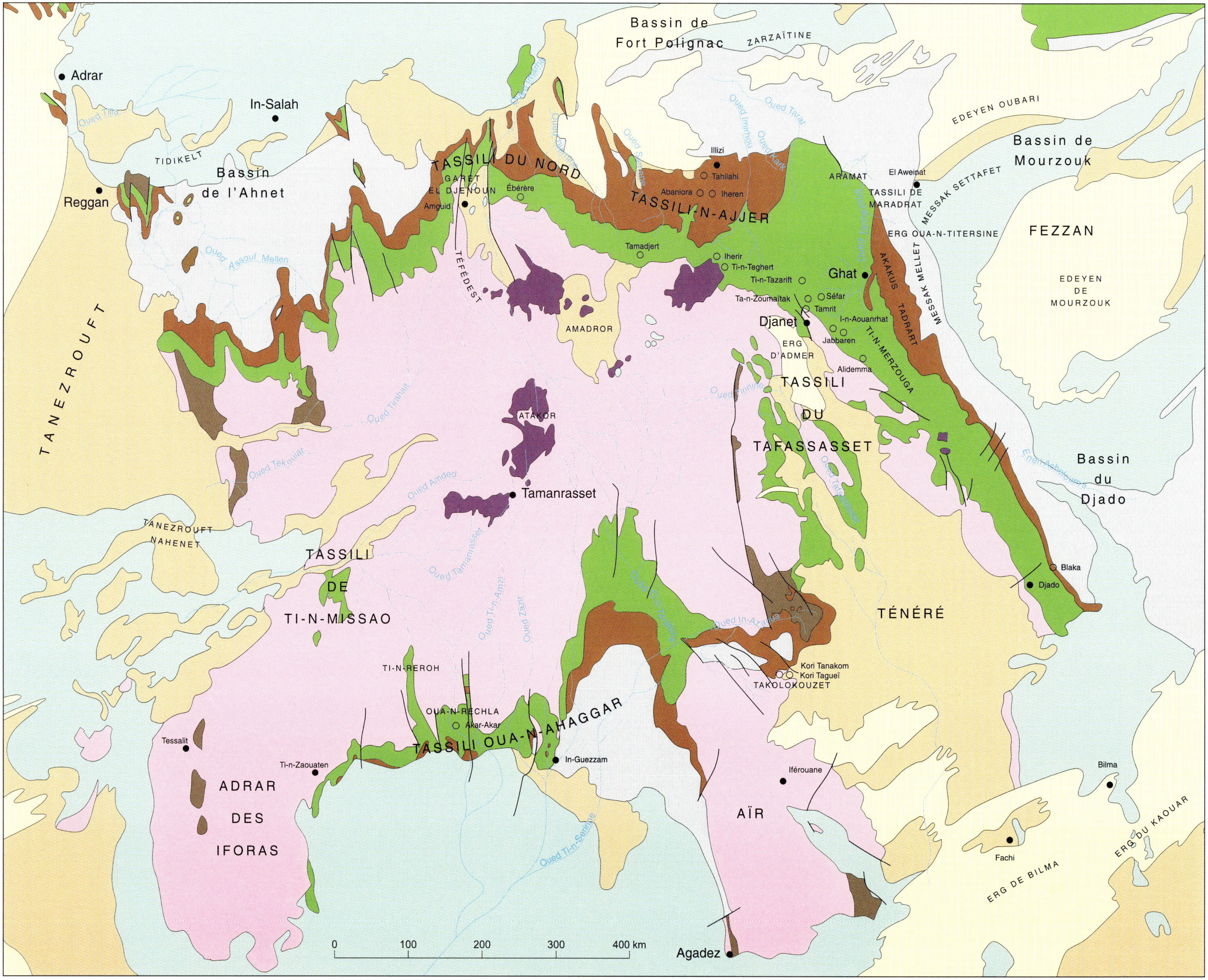

Bassin de Fort Polignac
ZARZAÏTINE
Adrar
In-Salah
Oued Tilia
TIDIKELT
Bassin de l'Ahnet
Reggan
EDEYEN OUBARI
Bassin de Mourzouk
Illizi
Tahilahi
Abaniora
Iheren
ARAMAT
El Aweinat
TASSILI DE MARADRAT
MESSAK SETTAFET
TASSILI DU NORD
GARET EL DJENOUN
Amguid
Ébérère
TASSILI-N-AJJER
ERG OUA-N-TITERSINE
FEZZAN
Oued Assouf Mellen
Tamadjert
Iherir
Ti-n-Teghert
Ti-n-Tazarift
Ghat
AKAKUS
MESSAK MELLET
EDEYEN DE MOURZOUK
TÉFÉDEST
Ta-n-Zoumaïtak
Séfar
Tamrit
I-n-Aouanrhat
Djanet
Jabbaren
TADRART
TI-N-MERZOUGA
AMADROR
ERG D'ADMER
Alidemma
TANEZROUFT
TASSILI DU TAFASSASSET
ATAKOR
Oued Tekoulat
Oued Amded
Tamanrasset
Bassin du Djado
TANEZROUFT NAHENET
TASSILI DE TI-N-MISSAO
Oued Tamanrasset
Oued Ti-n-Amzi
Oued Zazir
Blaka
Djado
TÉNÉRÉ
Oued In-Azaoua
TI-N-REROH
Kori Tanakom
Kori Tagueï
TAKOLOKOUZET
OUA-N-RECHLA
Akar-Akar
TASSILI OUA-N-AHAGGAR
Tessalit
In-Guezzam
Ti-n-Zaouaten
Iférouane
Bilma
ADRAR DES IFORAS
AÏR
Fachi
ERG DU KAOUAR
ERG DE BILMA
Oued Ti-n-Seririne
0
100
200
300
400 km
Agadez

L'auteur dans le Sahara libyen, en 1998.

Le socle granitique du Hoggar contient des roches de 3 milliards d'années, contemporaines de la croûte terrestre primitive.

Au cambrien et à l'ordovicien, à partir de 550 ou 500 millions d'années (Ma), d'épaisses séries de grès déposées par d'immenses fleuves à chenaux instables ont recouvert le socle. Vers 400 Ma, d'autres séries, dévoniennes, se sont ensuite accumulées. Profondément disséquées par l'érosion, elles forment avec les précédentes l'actuelle couronne plus ou moins morcelée des tassilis autour du Hoggar.

jusqu'à la fin de l'ère primaire, au carbonifère, au permien, le Sahar est toujours sous l'eau. D'épaisses couches se déposent : grès, calcaires, argiles, etc.

À partir de 250 Ma, pendant toute la durée de l'ère secondaire…

… et jusqu'au début de l'ère tertiaire, le Sahara central a connu des épisodes marins et continentaux, avec des environnements tropicaux et équatoriaux.

Après un bombement tectonique qui fissure le bouclier touareg (socle), la remontée de roches effusives (magma) provoque la formation localisée de nombreux volcans.

C'est au quaternaire, vers 2 ou 3 Ma, que les grands recouvrements dunaires (erg ou *edeyen*) se développent. L'aspect des paysages n'a guère changé depuis lors.

○ Sur cette carte géologique simplifiée figurent les sites archéologiques et d'art rupestre revisités ou découverts par l'auteur.

Avec ces pages s'ouvre l'histoire d'une passion.

Ici se livre un homme qui manifesta dès l'enfance son goût pour les sciences de la nature, hérité d'un de ses professeurs de collège. En 1967, au moment de l'obligation militaire, François Soleilhavoup choisit d'être coopérant. C'est ainsi qu'il découvre Laghouat, en Algérie. Cette oasis située au pied de l'Atlas est aussi la grand-porte du Sahara. Là, notre jeune expatrié volontaire connaît la joie d'enseigner ainsi que l'extraordinaire liberté du géologue-naturaliste nomade. Son enthousiasme pour la géologie, François Soleilhavoup le tient d'un autre de ses maîtres, professeur à la Sorbonne, André de Cayeux. Dès 1970, il entretient avec lui une abondante correspondance et bénéficie des conseils de Théodore Monod. En vue de sa thèse de géomorphologie, il foule sans relâche les regs, les versants et la steppe de l'Atlas saharien.

En 1974, c'est la montée vers le plateau du Tassili-n-Ajjer, cet immense musée à ciel ouvert qui avait fasciné son enfance et dont il avait étudié les relevés dans les ouvrages d'Henri Lhote. Dans le décor ruiniforme des « villes tassiliennes », Séfar, Jabbaren ou Ta-n-Zoumaïtak n'ont plus de secret pour lui. Au bout de quatorze années d'enseignement et d'amitié pour le peuple algérien, entrecoupées d'une fréquentation assidue des sites rupestres, vient l'heure du retour en région parisienne, dans le collège et la cité. L'histoire aurait pu en rester là, mais la soif de désert est inextinguible.

Dès 1981 et à plusieurs reprises, François Soleilhavoup et son épouse France chargent leur vieille Peugeot et, avec leurs deux enfants, retournent dans le Sahara. Études, relevés, réflexions, publications, congrès se succèdent. Un article de 1984 dans la revue *Archéologia*, l'un des quelque cent trente qu'il a publiés à ce jour, le fait entrer en contact avec Yves Thiébaut et son groupe amical, Raids & Méharées, d'astrophotographes épris des nuits constellées du désert. Ensemble, avec les Touaregs de Tamanrasset, ils cherchent désormais d'autres sites, découvrent et étudient la cavité Akar-Akar de 1985 à 1988, explorent la vaste couronne des tassilis autour du Hoggar, jusqu'en Libye.

Ce livre porte témoignage d'une quête insatiable de mémoire et de savoir, d'une recherche fondamentale réellement désintéressée. Il atteste qu'on peut à la fois être dans le monde du collège de banlieue et dans l'âme des énigmatiques personnages rupestres à têtes rondes. Qu'on peut concilier l'action pédagogique quotidienne auprès des jeunes et une réflexion sur la pensée immémoriale, sur ces ancêtres qui s'adressent à nous et nous touchent, hors du langage, par leur art pariétal. Nul doute qu'à son tour, François Soleilhavoup contribuera par cet ouvrage à susciter de nouvelles vocations de chercheur du désert.

Émeric Fisset

LIBYE

« Monotone, le désert ? Monsieur veut rire ! Pour l'aveugle, sans doute, le vrai, le physiologique, comme pour l'autre, le voyageur banal, ordinaire, sans curiosité et qui ne sait ni voir ni regarder. »

Théodore Monod
L'Émeraude des Garamantes, 1984

Lever de soleil
à Tanshalt, Akakus.

Au premier plan, le wadi (oued) Afar, au pied d'une haute falaise morcelée par l'érosion.

Akakus. Fin février 1999. Hier soir, quelques rafales soulevaient la poussière de sable. Protégés par l'*issabar*, sorte de paravent, et les voitures regroupées en carré, nous avons dîné en craignant que le vent ne s'installe pendant la nuit et ne rende plus terne et sans doute assez fatigant notre voyage dans ces somptueux sites d'art rupestre du sud et du centre du massif. Ce matin, chèches, bonnets, couvertures, sacs de couchage et bagages sont saupoudrés de sable mais, ô splendeur, le soleil levant allonge les belles ombres nettes des rochers dans une lumière pure, miraculeusement tranquille. Nous sommes au Sahara depuis maintenant plus d'une semaine, totalement ailleurs, avec l'exaltation intérieure d'être libres au milieu

Cette impressionnante arche de grès se dresse à l'entrée de la passe d'Afazadjar, au sud du massif de l'Akakus.

d'un vide utile, beau et propre. Un voyage d'agrément pour la majorité de notre groupe de onze Français, mais aussi un nouveau voyage d'étude des peintures rupestres pour moi. Pour nous autres Occidentaux et particulièrement pour les Français, le Sahara continue d'être tout à la fois le grand désert mythique et un immense et inépuisable terrain d'observation de la nature et des hommes, ceux du passé aussi bien que les Touaregs d'aujourd'hui. Mais le Sahara est peut-être surtout le lieu d'une recherche de sa propre parcelle de vérité, même si le séjour, de courte durée, n'efface pas la vie construite ailleurs, sur d'autres valeurs, avec d'autres comportements et préoccupations, selon des rythmes très différents.

L'érosion ruiniforme dans les grès diaclasés…

… fait naître d'étranges silhouettes.

Maradrat. 18 février 1998, 17 heures. Venant d'El Aweinat, nous avons coupé la pointe nord du Titersine, un erg qui semble petit sur la carte mais paraît démesuré lorsque, du sommet d'une haute dune, je regarde la minuscule colonne de 4x4 se faufiler dans ses ondulations éclaboussées de lumière. En pleine chaleur, la maîtrise de Mansour est étonnante : il apprécie instantanément les nuances de couleur du sable, ses aspects de surface, sa portance, les longueurs d'onde des rides, les pentes et les trajectoires qu'il faut imposer au véhicule. Son coup d'œil est infaillible et son oreille subtile, qui perçoit la moindre variation de régime du moteur. Pas une fois il n'a sorti les tôles de désensablement. Vers l'ouest, au-delà de l'erg, nous avons installé

Décor caractéristique du petit tassili de Maradrat, dans la région des Aramat, prolongement nord-oriental du Tassili-n-Ajjer.

le bivouac au cœur du tassili de Maradrat, une forêt de ruines et de fûts rocheux, torturés par l'érosion et envahis par une énorme dune. Dans un poudroiement bleuté, l'Akakus barre l'horizon sud. Au-delà des ruines de pierre calcinée, le soleil est dans sa courbe descendante. En dépit du contraste violent du noir et du jaune, l'atmosphère est incroyablement calme et douce. Je me dirige vers le couchant. Personne, absolument personne ; aucune trace. Tandis que je marche vers l'horizon si proche, l'enthousiasme pur m'habite, un état dans lequel l'être est comme possédé par un dieu dont la personnalité se substitue momentanément à la sienne. Je m'éloigne sans penser au retour. C'est à la nuit tombée, presque par hasard, que je retrouverai le campement.

Une très longue histoire géologique.

Parce que la roche y est nue, c'est au Sahara plus facilement qu'ailleurs qu'on peut retrouver les principaux moments de l'évolution de notre planète. Au Sahara central comme au Brésil, sur les parties des continents qui étaient alors réunis en un seul, on trouve en effet les plus anciens témoins de la croûte primitive, des roches ayant résisté aux énormes chaleurs et pressions, qu'on a pu dater de plus de 3,5 milliards d'années. Au tout début de l'histoire géologique du Sahara, il y a donc la formation d'une première croûte de la Terre, puis l'accumulation d'énormes quantités de roches, surtout volcaniques, qui constituent une immense chaîne de montagne, les Saharides, qu'un milliard d'années d'érosion va complètement raboter. Le nivellement de ce relief provoque alors un lent affaissement du nord-ouest de l'Afrique, suivi de l'envahissement du continent par les eaux (lacs, lagunes, mer) où des formes pionnières de vie commencent à se développer : des algues bleues microscopiques qui constituent de véritables récifs.

Après un épisode glaciaire marquant la fin du précambrien, des milliers de mètres de sédiments se déposent sur le vieux socle saharien. Transformés par la suite en grès, calcaires, conglomérats et argiles, ils constituent les couches des grands plateaux touaregs et mauritaniens. Pendant plusieurs dizaines de millions d'années, au cambrien et à l'ordovicien, de grands fleuves venus du sud étalent d'immenses nappes de sédiments sableux à stratifications obliques qui deviendront les grès des tassilis ainsi que les réservoirs de pétrole que l'on connaît. Le déplacement du pôle Sud et l'installation d'une nouvelle calotte glaciaire suivis d'invasions marines successives précèdent la séparation de l'Afrique et de l'Amérique qui commence il y a environ 200 millions d'années, provoquant l'apparition de volcans.

C'est au début du tertiaire, il y a 65 millions d'années, que la mer se retire définitivement, laissant de vastes surfaces sédimentaires dans un Sahara dont les contours géographiques ne changeront plus guère mais qui verra s'élever dans le nord de l'Afrique deux chaînes en rameau alignées ouest-est, et dans le même temps se former au sud un bombement qui donnera naissance à l'Ahaggar (Hoggar), sous sa forme actuelle. Ces mouvements cassants déclenchent un nouvel épisode de volcanisme actif. Quant au modelé des paysages sahariens que nous connaissons, il est dû aux agents atmosphériques. C'est au quaternaire, il y a 2 millions d'années, que des alternances climatiques humides et sèches finissent de donner au Sahara son visage : l'eau (les fleuves notamment) déblaie ici ce que le vent transporte et accumule ailleurs. Pendant les périodes sèches, plusieurs systèmes de dunes édifient les ergs. Le désert actuel est jeune, il date d'il y a environ quatre mille ans et nul ne peut dire quand débutera la prochaine phase humide.

Piste de gazelle (Gazella dorcas).

Mais, où donc cette petite gazelle peut-elle trouver de quoi se nourrir ? Depuis plus d'une heure, je suis sa trace, rectiligne sur la dune, sinuant dans le labyrinthe rocheux afin d'éviter les gros obstacles. Pas un brin d'herbe ici, pas une touffe, même desséchée ; seulement du grès et du sable, qui d'ailleurs est un ancien grès… Ce qui est certain, c'est qu'elle sait où elle va. L'empreinte des fins sabots fendus est nette. Elle est passée ce matin, à la fraîche. L'air est parfaitement calme. Nous montons, nous descendons, nous contournons, nous trottinons, nous marchons à petits pas, mais nous ne flânons guère. Obstinément, nous nous dirigeons vers l'est. D'un coup, alors, depuis le sommet d'une

Colonnes dans le tassili de Maradrat. Le mot touareg tassili désigne un plateau de grès profondément découpé par l'érosion des eaux.

élévation de sable à gros grains, les dunes de l'erg apparaissent là-bas, au-delà du tassili. Mon antilope savait bien que son repas l'attendait plus loin, en contrebas des colonnes de pierre, dans ce qui ressemble à un fond d'oued à moitié gommé par le sable. Pendant cette marche solitaire (j'allais dire solidaire) en compagnie du gracieux animal – de sa seule image mentale –, je repense à la « fraîcheur ancienne » dont parle Théodore Monod, cette fraîcheur, réelle ou symbolique, qui renaît ici chaque jour avec l'aube et qu'ailleurs l'homme moderne a parfois flétrie, car souvent « même dans les lieux vierges, [il] reste comédien d'une société qui se joue la comédie ».

Derrière la dune, le tassili de Maradrat au coucher du soleil.

Le sable humanise le désert. Il peut revêtir tous les aspects, de la plus douce sensualité de la dune à la plus violente agressivité de la tempête sèche. Sa lumière attire autant que l'infinie variété des teintes qui l'habillent, dès la pointe du jour jusqu'à l'orée de la nuit. Familier ou hostile, brûlant ou glacé, rugueux ou caressant, épuisant ou confortable, il est partout présent, inaltérable, agréable compagnon ou gêneur insidieux. Le sable est une roche singulièrement vivante, animée par le vent selon une géométrie changeante. Sa fluidité lui permet toutes les fantaisies, tous les jeux, solitaires ou avec ses partenaires rocheux. La dureté de ses grains provoque les plus étonnantes ciselures sur des roches qui tentent bien de lui résister mais qui,

Kerkoub, du verbe arabe kerkar, « mettre en boule » : concrétions de grès à ciment calcaire.

finalement, se laissent modeler, entailler, creuser, polir ou satiner en fonction de leur nature. Il peut aussi s'immobiliser, se figer, se mettre en boule ou s'accumuler, se durcir sur d'énormes épaisseurs. Il devient grès, immense tassili ou petits amas de billes et de boules soudées. Pour cela, il lui faut de l'eau qui nourrit les vides entre ses particules de quartz et, dans cette eau, il faut de quoi cimenter les grains : du calcaire dissous, de l'argile, du fer, du manganèse ; souvent aussi, des microbes pour fixer tous ces minéraux. Les formes qui en résultent sont étranges et belles. Depuis les plus modestes jusqu'aux plus imposantes, elles fascinent toujours par l'incroyable liberté de leur invention.

Concrétions.

Si, quand on les embrasse du regard, les paysages sahariens peuvent enthousiasmer par leur étrangeté et leur aspect grandiose, l'observation attentive du sol peut elle aussi révéler de surprenantes curiosités géologiques. En terrain caillouteux, surtout gréseux mais aussi calcaire, argileux et marneux, il n'est pas rare de rencontrer, dégagées par l'érosion, des concrétions aux formes et aux couleurs étonnamment variées, en général de dimensions modestes, de l'ordre du centimètre, parfois du décimètre. Ce sont des billes ou de petites boules en grès, quelquefois par milliers, sphériques ou ovoïdes, des nodules métalliques, libérés ou encore engagés dans la roche encaissante, des agrégats de ces sphères, en amas bourgeonnants à coalescences multiples de couleur blanchâtre, rougeâtre ou noirâtre, des accumulations à la surface de certains blocs ou affleurements, en croûtes mamelonnées plus ou moins épaisses ; ou encore diverses formes de ferruginisations dans les masses rocheuses ou dans les fissures, en tubes simples ou ramifiés, en feuillets, en disques, en lamines contournées ; ou bien, enfin, des formes variées de cristallisations d'oxydes de fer (hématite, limonite) et de manganèse, brun-rouge ou noires.

Exceptionnellement, dans les grès, ces phénomènes peuvent devenir beaucoup plus volumineux, comme les concrétions qu'on peut voir en Libye. La formation de ces concentrations minérales d'aspects très divers peut être essentiellement physico-chimique : l'eau ou l'humidité infiltrée dissout des éléments comme le calcaire, la silice, le fer, etc. Après migration des solutions, ces éléments chimiques recombinés cristallisent au sein de la roche, dans ses fissures ou à sa surface. Le plus souvent, cependant, pour les formes arrondies ou mamelonnées, l'activité minéralisante d'associations de plusieurs micro-organismes (bactéries, algues, champignons, symbiotes lichéniques) s'avère dominante et elle explique leur genèse et leur développement. Au laboratoire, à partir de menus fragments de ces concrétions plongés dans des milieux nutritifs appropriés, on a pu non seulement isoler les microbes responsables de ces concentrations minérales, mais aussi obtenir leur reproduction. Au microscope électronique, on observe que des bactéries (bacilles) utilisent le calcium, le fer ou le manganèse présents dans le milieu, métabolisent ces éléments et s'enferment à l'intérieur d'un minicristal produit par leur membrane cellulaire. À l'université Paris VI, Jean-Pierre Adolphe, l'un des meilleurs spécialistes internationaux de géomicrobiologie expérimentale, a, par exemple, isolé dès les années 1970 une bactérie calcifiante active responsable de la cimentation des *kerkoub*, ces concrétions calcaires dans les grès du Sahara.

L'une des concrétions de grès fin qui parsèment le fond du lac fossile de Ben Dakheich en bordure de l'edeyen Oubari.

23 février 1998. Sur la piste El Aweinat-Germa, au milieu de l'après-midi, l'arrêt du véhicule me tire d'une chaude somnolence. Étonnant spectacle : jamais je n'avais vu des concrétions aussi parfaitement sphériques, dispersées sur le reg. Mansour, Ali et les autres s'amusent de me voir, bipède affairé brandissant le bâton gradué, courir d'une boule à l'autre, debout, assis, accroupi, à plat ventre. Dans quel contexte géologique d'aussi grosses et régulières concrétions de grès ont-elles pu naître et se développer ? Par induration physico-chimique à croissance isotrope, grâce à des bactéries calcifiantes, suivant d'autres processus encore ? Comment expliquer la perfection de leur volume ? Le temps manque pour l'étude ; le bivouac est

Ces concrétions parfaitement sphériques sont parmi les plus volumineuses rencontrées dans le Sahara. Piste entre El Aweinat et Germa.

encore loin, vers la Ramla I-n-Azaoua, dans l'*edeyen* Oubari. Il faudra revenir… Plus loin, en bordure d'un grand paléolac, se trouve un autre champ de concrétions peut-être encore plus remarquables. D'un blanc éclatant, les masses de grès siliceux ont ici des formes comparables à celles qui surgissent des sables du massif de Fontainebleau, au sud de Paris. Les objectifs de l'expédition interdisent là encore de s'attarder. À la hâte, je griffonne un croquis stratigraphique : le niveau de grosses concrétions blanches surmonte une couche de petites et nombreuses concrétions ferrugineuses. En bordure de l'ancien lac, on peut supposer l'influence de la nappe phréatique pour expliquer la genèse de ces « accidents minéraux » dans les dépôts.

Reg de grès schisteux violets…

… et surface gréseuse à fissurations orthogonales, sur le plateau algérien de Tamrit, Tassili-n-Ajjer.

Affleurement calcaire à fissurations maillées dans le secteur libyen des Aramat.

Au Sahara, l'étendue des surfaces sans reliefs dépasse celle des montagnes et des massifs de dunes. Ce sont des regs noirs, bruns ou violets, faits de juxtapositions infinies de cailloux, galets ou blocs anguleux. Ce sont aussi les immenses hamadas de roches nues aux réverbérations aveuglantes, qui se confondent avec l'horizon. Tout est vieux dans ces plats pays décharnés où seuls affleurent quelques morceaux bien fatigués de l'ossature terrestre. Ici, rien n'est intact : pavages délabrés de roches en dalles, calcaires fissurés et cassés, souvenirs d'anciens reliefs de granites, de schistes ou de grès, complètement rabotés, arasés, fragmentés, réduits à l'état de graviers ou de gravillons. Tout ce qui d'ordinaire paraît durable

Reg ensablé à quartz blancs et cailloux de grès, dans les tassilis au sud du Hoggar.

– la roche, le minéral – est ici détruit, pulvérisé. Seul le sable, qui nomadise en toute liberté quand le vent souffle ou qui stationne en fin saupoudrage parmi les cailloux, donne l'impression qu'il se passe quelque chose dans ces « non-paysages ». La vie, quasiment absente, ne se manifeste que sous la forme de patines organo-minérales fabriquées par des microbes à la surface des cailloux ou encore dans des activités biologiques réduites, confinées à l'intérieur de niches minuscules : ainsi, quand on retourne l'un de ces galets de quartz blanc dispersés sur le reg des anciens glacis alluviaux, on peut découvrir le fin liseré en anneau vert vif que développent des algues chlorophylliennes microscopiques.

La rosée a provoqué une érosion par dissolution à la surface de ce bloc calcaire d'un reg de l'Atlas saharien.

L'amplitude thermique et l'action de l'eau ont produit ces alvéoles dans une paroi de grès de l'Akakus.

Érosions.

Au Sahara, les formes d'érosion révèlent la variété des ossatures géologiques en même temps que les divers types d'altération des roches sous les actions combinées de l'eau, de la température et du vent. Il n'y a, par exemple, rien de commun entre les croupes, dômes ou chaos de boules granitiques du Hoggar et les impressionnantes « forêts » de colonnes gréseuses du Tassili-n-Ajjer : les mêmes causes atmosphériques sur des roches différentes peuvent engendrer des formes d'érosion très dissemblables. De même, l'intensité de certains processus d'érosion ou leur action quasi exclusive peuvent entraîner des effets variés sur une même nature de roche. La manière dont les roches se sont formées, leur position dans le paysage, leur dureté, leur couleur, la finesse de leurs grains, la résistance de leurs minéraux à la fragmentation mécanique ou à la dissolution chimique, sont autant d'explications à la diversité des formes d'érosion qu'elles subissent. Au cours des temps géologiques, c'est principalement les eaux courantes qui ont donné leur visage actuel aux paysages sahariens : creusement des vallées, gorges et décors ruiniformes des plateaux tassiliens, démantèlement, désagrégation et altération chimique des massifs granitiques et volcaniques au Hoggar, vastes étalements de cailloutis dans les plaines (regs alluviaux), etc. Le vent déblaie et déplace le sable pour l'accumuler en dunes mobiles ou en ergs, et il use ou polit les roches. Dans le désert, l'absence de couvert végétal et l'exposition directe des roches au rayonnement solaire dans une atmosphère sèche, dépourvue de l'effet modérateur des nuages et de la vapeur d'eau près du sol, les forts écarts de température entre le jour et la nuit, leur succession rapide ou brusque en cas de pluies (rares), tous ces facteurs accentuent les processus mécaniques de l'érosion : fissurations, craquelures, cassures des blocs et des cailloux, écaillage des surfaces, exfoliations, desquamations, désagrégations granulaires et production de sables (grès) ou d'arènes (granites). Les tensions et les fatigues provoquées par les cycles indéfiniment répétés de dilatation et de contraction aboutissent à des ruptures. Cette thermoclastie sèche est omniprésente. Parfois, en altitude et pendant les nuits d'hiver, le gel entraîne des éclatements. La cristallisation des sels remontés en surface par évaporation provoque des efflorescences avec pulvérisation des roches, ou alvéolisations. Même s'il est difficile d'apprécier leur importance passée et actuelle, ainsi que leur rythme, on peut dire que l'action de ces processus est lente, au moins séculaire, certainement millénaire.

Il y a probablement sur notre planète des lieux totalement dépourvus d'eau où, sous les pierres, seuls quelques micro-organismes en dormance dans leurs capsules résistantes attendent qu'une goutte aléatoire les revivifie. Dans le Sahara, cependant, où que l'on porte le regard, la topographie, la surface des sols et de la moindre roche conservent la mémoire de l'eau, de ses actions passées, violentes ou discrètes. Partout, les indices sont visibles de périodes climatiques où l'eau sous tous ses états a laissé sa marque. Au milieu des ergs, les diatomites, ces roches blanches, poreuses et pulvérulentes signalent l'existence passée de lacs au fond desquels s'accumulaient des milliards d'algues unicellulaires à enveloppe siliceuse.

Ancien fond de lac où des algues microscopiques ont formé un dépôt de roches blanches, les diatomites, au cœur de l'erg Ijouaratène, au nord-est du Hoggar.

La base des parois ou des colonnes de grès est creusée jusqu'à un ou deux mètres de hauteur, conférant aux masses rocheuses un aspect de champignon. Cette érosion spectaculaire est due à la désagrégation granulaire : les eaux d'infiltration désolidarisent les grains de la roche et les libèrent. Le vent se contente alors de les transporter ailleurs. Parfois, cette destruction par l'eau provoque des réseaux d'alvéoles étonnamment réguliers. Ailleurs, la surface de calcaires durs et imperméables est guillochée, vermiculée par le trajet indéfiniment répété des gouttes de rosée. Cette fine sculpture est une microdissolution car la rosée, comme la pluie, contient d'infimes quantités d'acide carbonique.

Ces deux motifs semblables ont été photographiés sur la paroi de l'abri 6 du wadi Ahloun.

Sur un agrandissement, les contours picturaux et les altérations naturelles de la roche sont parfois précisés à l'encre de Chine pour permettre leur relevé sur papier calque.

Le relevé graphique minutieux sur calque, à l'encre de Chine, en contrôlant l'original à la loupe, avec son cadre à échelle décimétrique, facilite la lecture de l'art rupestre.

Dans cet ouvrage, les relevés des peintures et des gravures sont à motifs rouges sur fond jaune.

En roulant dans le lit du *wadi* Ahloun, nous voyons défiler les parois des épaisses couches superposées de grès tassiliens, interrompues par d'énormes éboulis de blocs. Devant, à un kilomètre environ, le 4x4 de Chibani s'arrête. Là-haut, à mi-pente, on aperçoit un abri-sous-roche. Salah puis Ali y ont déjà pris pied. J'entends Ali crier : « Viens voir, Aménokal (surnom que m'a donné Salah), il y a ce que tu cherches ! » Dans ce bel abri qui domine la vallée, on ne voit sur la paroi qu'un seul motif peint à l'ocre rouge, deux fois reproduit. Cela ressemble à une figure anthropomorphe qui déploie comme des ailes un ample vêtement à franges, à la façon d'une cape. La première idée qui me vient, dans ce cadre grandiose entre ciel et terre, est celle d'esprits-oiseaux, idée qui

Salah, qui est originaire de la région des Aramat, a découvert le 31 octobre 1998 l'abri 6 qui domine le wadi Ahloun.

appuierait l'hypothèse que j'élabore depuis plusieurs mois en recherchant les indices de possibles pratiques chamaniques parmi la foisonnante iconographie des périodes anciennes du Néolithique saharien. Plus tard, comme je relisais un livre d'Henri Lhote sur les origines du dromadaire en Afrique du Nord et au Sahara, je tombai sur un relevé de peintures schématiques rouges montrant un type de selle maure avec un *basour*, c'est-à-dire un palanquin. Mon anthropomorphe ne serait-il en réalité qu'un sac de selle et ses ailes déployées une armature de bât ? Malgré certaines ressemblances formelles, je ne pense pas que les motifs du *wadi* Ahloun puissent être rapprochés, ni dans leur époque, ni dans leur fonction, des images stylisées de selles.

La morphologie de l'abri 2 du wadi I-n-Telagh est impressionnante et propice à l'art rupestre.

Ce matin, 20 février 1998, à 7 heures 30, nous levons le camp du *wadi* Aheir. Il faut d'abord redescendre plein nord le *wadi* Aramat pour atteindre la plaine et contourner par l'ouest le massif tassilien de Tassatrart, avant de s'engager vers le sud en direction du *wadi* I-n-Telagh. La toponymie touarègue est à la fois fidèlement descriptive et souvent poétique, en ce qu'elle évoque l'ambiance des lieux, ou bien les relations avec certains animaux qui en ont fait leur territoire, ou encore les impressions ressenties lorsqu'on y séjourne. Ainsi, *Aheir* signifie « cascade » ; *Aramat* peut s'interpréter comme « tu vas voir que ce *wadi* est bon pour le pâturage ». À 11 heures 30, la large embouchure du *wadi* I-n-Telagh s'ouvre devant nous. Nous trouvons la *guelta* (mare)

Scène de chasse au mouflon, période protohistorique paléoberbère, se superposant à des bovidés aux pigments affaiblis de la période pastorale du Néolithique, abri 2 du wadi I-n-Telagh.

asséchée depuis peu apparemment. La progression est fatigante, moins à cause de la chaleur que du sable mou. Depuis le sommet d'un petit cordon de dunes apparaissent bientôt deux énormes couches horizontales de grès, qui barrent le fond d'une reculée latérale du *wadi*. C'est là que se trouve l'un des plus impressionnants abris rupestres qu'il m'ait été donné de voir.

À quelques millénaires d'intervalle, deux groupes au moins l'ont fréquenté : des éleveurs de bovidés, pendant la période pastorale du Néolithique, et des chasseurs, ancêtres des Touaregs, qui pratiquaient le courre du mouflon avec des chiens et l'hallali sur pied, à la lance. Ce type de chasse perdura dans la Téfédest, au nord du Hoggar, jusque dans les années 1930.

Abri 2 du wadi I-n-Telagh. Parmi les nombreuses peintures, deux éléphants de la période ancienne, dont l'un est curieusement rayé, sont précédés et suivis de motifs au trait rouge vif, probablement tracés pendant la période pastorale du Néolithique.

Lorsque, à la fin de l'année 1997, au retour de leur longue tournée dans le Sahara libyen, Mélanie, Emmanuelle et leurs amis lyonnais nous racontèrent les péripéties de la piste et leurs rencontres, j'étais loin d'imaginer que de belles et passionnantes découvertes rupestres allaient être faites dans ces formations de grès tassiliens. Elles sont profondément disséquées par un dense réseau d'anciens cours d'eau et situées dans la région dite des Aramat, au nord-ouest de l'oasis d'El Aweinat (l'ancienne Serdélès).

En février 1998, avec un plan sommaire et les renseignements fournis par un couple d'amis qui avaient abordé cette zone trois ans auparavant en tout-terrain, notre équipe de trois Français et de six Touaregs installait un camp de base à la confluence des *wadi* Timeshral, Aramat et Iheren, à l'endroit où l'utilisation de la voiture devient impossible. De là, jour après jour, nous progressâmes le long des rives encaissées des canyons, escaladant les chaos de blocs, contournant les plus gros obstacles. Les abris à peintures nous sont apparus progressivement, certains modestes, d'autres spectaculaires. Commença alors l'exaltant travail de positionnement par satellite au moyen d'un GPS, de mesures morphométriques et d'enregistrement des données sur l'art et son environnement, de description des gravures et des peintures découvertes, de couverture photographique.

Lorsque nous avons déplacé le camp à quelques dizaines de kilomètres vers le sud-ouest après une difficile progression en 4x4, de formidables découvertes nous attendaient dans les *wadi* I-n-Telagh, Aheir, Ahloun et Tabrakat. En octobre de la même année, nous poursuivîmes l'exploration avec d'autant plus de curiosité que nous connaissions la richesse et l'intérêt des lieux. Naturellement, nous pouvions nous attendre à trouver dans ce prolongement géomorphologique du massif algérien des Ajjer des chronostyles rupestres comparables. Ce fut le cas : les principales périodes de l'art saharien y sont représentées, depuis les gravures d'animaux sauvages et les signes du Néolithique ancien jusqu'aux nombreuses peintures équidiennes et camelines protohistoriques et historiques, en passant par l'énigmatique style des « Têtes rondes »

L'érosion différentielle a dégagé les couches tendres de l'abri 2 du wadi I-n-Telagh. La quasi-totalité des peintures est située sur la paroi de la couche inférieure.

et de belles scènes de la période pastorale. Cependant, beaucoup de représentations n'avaient encore jamais été rencontrées ailleurs. Elles manifestent chez les groupes néolithiques installés dans cette région une façon originale d'exprimer leur culture et de transcender leur environnement naturel. Par exemple, la peinture violine et pâlie d'un éléphant au corps rayé, parmi beaucoup d'autres dans l'imposant abri du *wadi* I-n-Telagh, peut traduire une singulière convention culturelle chez des chasseurs ou des pasteurs, de même que le curieux enchevêtrement au trait rouge vif qu'on voit devant, contemporain ou non, et qui mêle une antilope koudou, une jambe humaine et un bélier.

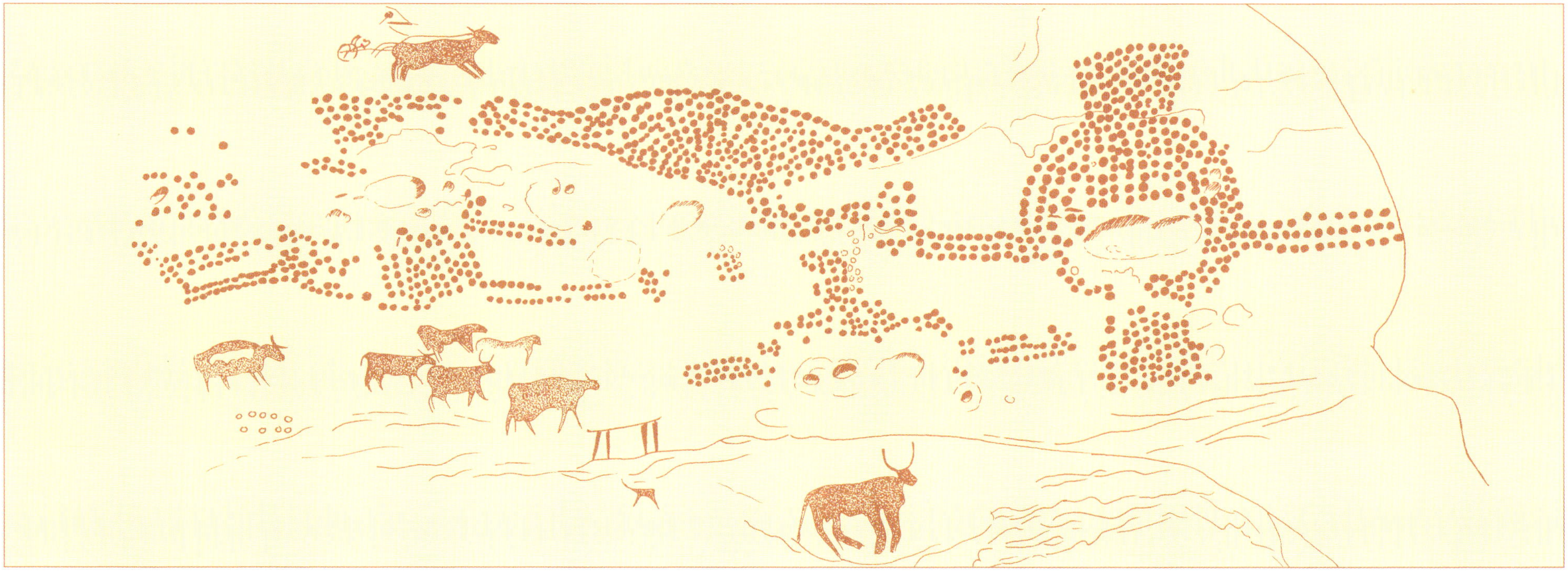

Au milieu de la paroi de l'abri 1 du wadi Aramat, ces groupements de points rouges ordonnés, uniques au Sahara, semblent intentionnellement reliés à la cavité.

Détail d'une scène pastorale, avec mât (ou arbre) et calebasses suspendues.

Rare représentation de char dételé et du harnachement des chevaux.

Char dit « au galop volant » attribué aux Garamantes, population protohistorique paléoberbère du Sahara.

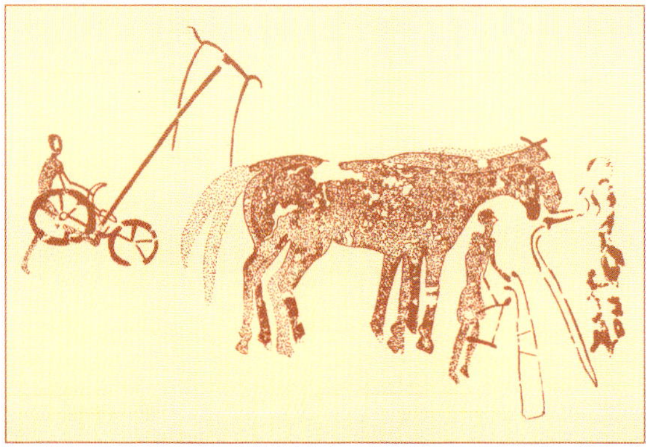

L'abri 1 du wadi Aramat est entièrement décoré de peintures appartenant à plusieurs périodes. Les plus anciennes, groupements de points rouges jusqu'au plafond, pourraient être d'inspiration chamanique.

Pendant au moins cinq ou six millénaires, des collectivités différentes ont occupé un même site accueillant appelé Timeshral (le « lieu de séjour » en tamacheq), situé dans un large méandre du *wadi* Aramat. Au Sahara, rares sont les abris rupestres où la décoration pariétale montre aussi clairement et avec un tel talent pictural des préoccupations spirituelles et des modes de vie distincts. Dans l'abri Aramat 1, il est possible que les ensembles ordonnés de points et de taches rouges qui couvrent le plafond et le milieu de la paroi aient été destinés à des pratiques animistes de nature chamanique. Selon ces croyances, un creux, une fissure sont autant d'accidents naturels de la roche qui permettent une communication avec le monde des esprits.

En tenue de fête sur les méharis, dans le wadi Aheir.

Cet après-midi-là, quand nous rentrons exténués au camp, poussiéreux, gourdes vides et jambes lourdes après une longue journée d'exploration pédestre le long des rives du *wadi* Aheir, trois méharis blancs sont là, sellés et harnachés, près de l'*issabar*, le paravent de tiges de graminées et de cuir tressés à l'abri duquel nous passons nos soirées. Nos amis touaregs nous ont préparé une magnifique surprise : ils sont méconnaissables, splendides dans leurs vêtements de fête, avec leurs chèches blancs, noirs et indigo, admirablement drapés. Exclamations ! Rires… Ali, c'est toi ? Oui, les yeux, le regard ne trompent pas. Et toi, Aboussalah ? Chibani, lui, est trahi par ses grosses lunettes de myope. Et Salah, quelle allure sur le méhari, avec

Au camp de base du wadi Aheir, devant l'issabar et la guerba (outre en peau de chèvre), l'équipe touarègue de l'exploration de l'automne 1998.

sa cravache en torsade de peau de chèvre. Quelle joie, quel accueil, quelle détente après ces chaudes heures de marche ! Majestueux sur leurs montures, les Touaregs font une course dans le *wadi*, juste par jeu, pour se mesurer amicalement et nous faire plaisir. Puis, dans le jour baissant, silencieux auprès du feu, nous suivons, fascinés comme à chaque fois, le rituel de la préparation du thé. Pourquoi depuis tant d'années ne puis-je concevoir ma vie d'Européen urbain sans l'entrecouper d'épisodes, mêmes brefs, dans le désert ? Pour mille raisons parmi lesquelles, bien sûr, les sciences naturelles, mais, au fond, aussi beaucoup pour ces moments où, de loin en loin, on a la certitude qu'être avec l'autre, si différent de soi, est indispensable.

Jebrine ag Mohamed (à gauche), un Kel Meddak, et Amghar Kadouiche Mustapha (à droite), un Kel Ajjer, sont à l'origine de nombreuses découvertes de l'art rupestre saharien par les Européens.

Les Touaregs et les étrangers.

« En considérant les images que les étrangers se font de la société touarègue, je peux reconnaître le modèle qui les a inspirées, sans pour autant y trouver les reflets de la vie que j'ai connue en son sein. » Cette réflexion d'Alhassane ag Solimane, traducteur d'un recueil de proverbes, exprime bien la différence, voire la distance irréductible entre deux modes de vie et de pensée. Les Touaregs ne se soucient guère de leur origine, qu'ils estiment résolue une fois pour toutes par la légende. Ils ont la conviction d'être les premiers occupants d'une terre immense de libre transhumance. Leur peuple, comme d'autres, a connu un âge d'or avant que la structure traditionnelle de sa société ne soit profondément bouleversée par l'occupation européenne et presque anéantie à la suite de l'indépendance des États sahariens.

L'histoire complexe des confédérations touarègues repose essentiellement sur une organisation clanique d'autant plus originale et forte que le milieu naturel impose des lois plus contraignantes qu'ailleurs. En dépit de leur grande dispersion dans l'espace, ces groupes qui ne constituent ni une race ni une nation sont reliés par une réelle cohésion faite d'une culture, d'une langue et de comportements semblables. La hiérarchie des rapports et des codes sociaux, la parenté, les manières d'être et de paraître, le sens de l'honneur, de la dignité, de la galanterie, du noble, du poétique et du beau, l'économie et l'élégance du geste, tout, dans la vie matérielle et spirituelle du Touareg, se trouve en parfaite adéquation avec une nature aussi belle et dure qu'omniprésente et dominatrice. Le groupe est strictement dépendant des points d'eau (puits, sources pérennes), qu'il contrôle parfois par les armes. De tout temps, le nomadisme agropastoral a permis aux Touaregs de survivre dans un écosystème dont ils savent utiliser chaque élément. Le déplacement des campements et du bétail (dromadaires, chèvres, moutons) est fonction des pâturages saisonniers, au Sahel, ou aléatoires, dans le Sahara. Fondée sur un féodalisme de noblesse et de faits d'armes, la société touarègue pratiquait jadis l'esclavage et la razzia. Elle partageait avec les Arabes le commerce transsaharien ou le régentait.

Après les années de sécheresse et de décimation de leurs troupeaux, après plusieurs massacres de leurs groupes au Mali et au Niger, après la spoliation d'une grande partie de leur espace, peut-on, tout en utilisant leur désert comme terrain de jeu ou, au mieux, comme source de connaissances scientifiques, admettre la disparition de ceux-là mêmes dont l'image continue de fasciner le monde occidental ?

Installation du bivouac en bordure de l'erg Ijouaratène, au nord-ouest du Hoggar.

« Le Targui est toujours lent au départ ; mais il n'aime pas les impatiences brusques et il faut doucement en prendre son parti. » Cette observation notée le 10 juin 1880 par le père Richard, père blanc, dans son journal de route chez les Touaregs ajjer, pourrait être écrite aujourd'hui par moult randonneurs, Pataugas lacés, sac de marche au dos et « banane » à la ceinture, pressés de quitter le bivouac. À moins qu'il ne s'agisse de ces touristes motorisés et suréquipés qui jugent la compagnie autochtone inutile voire inopportune. Pour moi qui n'ai jamais pu concevoir une tournée saharienne sans les Touaregs, il m'a toujours semblé que la vie ici participait d'une harmonie, d'un équilibre entre une nature et les hommes qui l'habitent

Les peintures sur la paroi de l'abri de Teihert Ta-n-Gergour, dans l'Akakus, montrent des scènes de la vie domestique et culturelle d'un groupe paléoberbère : élevage, chasse, guerre, « loisirs »...

avec une connaissance intime et des usages appropriés. Le souci constant que le Touareg a de sa dignité lui donne une susceptibilité parfois exacerbée. L'Européen qui partage un temps le désert avec lui doit donc user de tact ou de la simple réserve qu'impose la découverte d'une civilisation différente. Lorsque la confiance est établie, les traits dominants du caractère se dévoilent : une franchise, une gaieté, une insouciance, un humour, une curiosité, une sociabilité qui confèrent une grande qualité aux relations. C'est au bivouac, autour du feu, partageant le *tchaï* (thé) et la *taguella* (galette), que les Touaregs donnent la mesure de leur sens poétique, ainsi que de leur passion pour la conversation, la musique et le chant.

Salah et l'auteur devant leur découverte du 20 février 1998 : l'abri 4 du wadi Aheir.

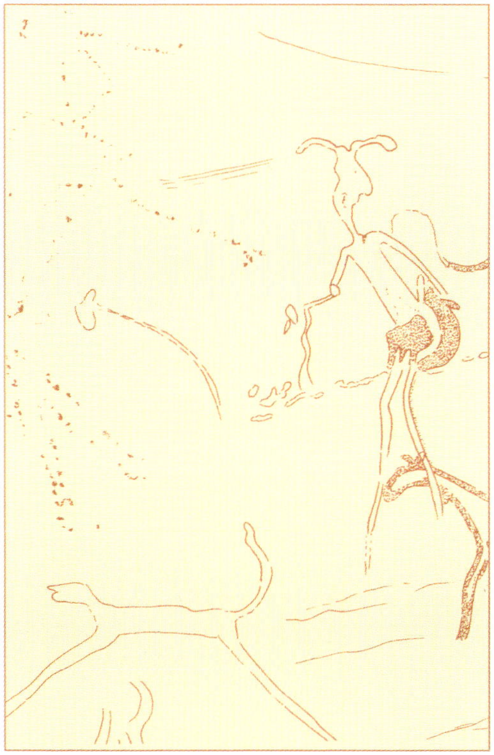

Personnage à tête emplumée peint à l'ocre.

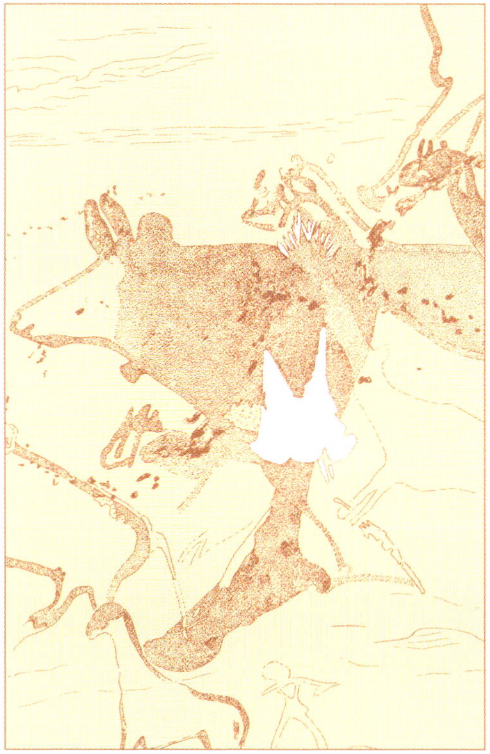

Détails d'un gros bœuf rouge…

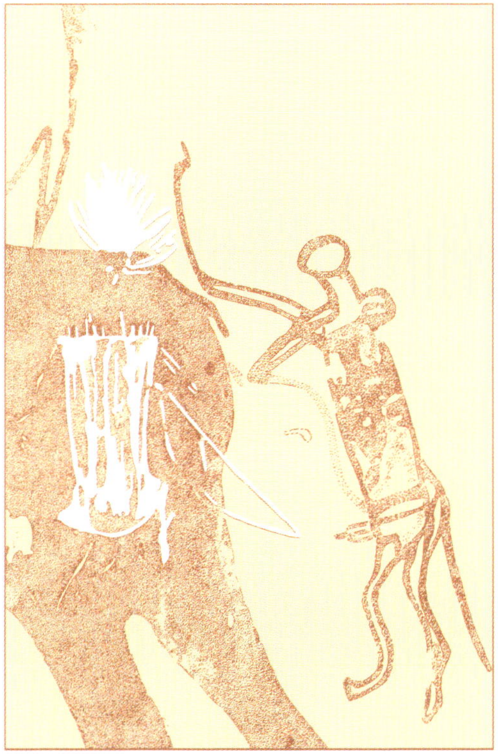

… que recouvrent d'énigmatiques motifs blancs.

Wadi Aheir. 20 février 1998, après-midi. Passée la forte chaleur, nous décidons avec Bernadette, la plus courageuse du groupe, de remonter le petit canyon à l'amont du campement. Je promène les jumelles sur l'abrupt de la rive gauche, vers l'est, en balayant de la base au sommet, à l'affût du moindre creux dans la roche. Là, en hauteur, à une dizaine de mètres du sol, des traces de couleurs sur la paroi, à droite de cet abri perché. Pas de doute, je distingue un grand bovidé et des personnages sous la poussière. Hélas, du pied de la falaise il est difficile d'accéder à l'abri : un énorme effondrement a détruit son plancher et les blocs entassés sont trop gros, trop verticaux, trop lisses. Il faut des cordes. Bernadette a déjà compris… Dix minutes plus tard, elle

Dans l'abri 4 du wadi Aheir, un ensemble de peintures néolithiques de la période pastorale est en partie recouvert par d'indéchiffrables peintures blanches, sans doute protohistoriques.

revient avec Mustapha, Aboussalah et Salah. Ce dernier, aussi agile qu'un mouflon, a contourné l'obstacle, escaladant par la droite, pieds nus ; il est déjà dans l'abri. Sous les yeux d'Aboussalah secoué de rires, il me hisse, pratiquement à bout de bras, accroché comme une araignée à son fil. La place est réduite sur ce qui reste de plancher rocheux. La lumière décline. Il faut faire vite pour les photos. La majeure partie des peintures remontent au Néolithique pastoral, et rappellent par leur style celles du grand abri Ébérère, à plusieurs centaines de kilomètres d'ici ! Jamais vus auparavant, de très étonnants motifs à la peinture blanche se superposent à la scène bovidienne ; ils sont donc postérieurs, mais de combien d'années ? Et que représentent-ils ?

Char à timon d'encolure tiré par deux bœufs aux cornes en lyre…

… et personnages de la période protohistorique du cheval. Abri 3 du wadi Aramat.

En Afrique, l'âge de la domestication des bovins reste largement hypothétique. On ne sait d'ailleurs pratiquement rien sur la longue période qui la précéda, c'est-à-dire sur l'appropriation progressive de ces animaux par l'homme, sur la maîtrise de leur reproduction et des croisements provoqués qui aboutirent à la belle race de ces vaches dites « africaines » *(Bos africanus)*, dont les représentations ornent tant de parois dans tout le Sahara. On ne sait pas trop non plus d'où viennent ces animaux. D'Asie du Sud-Ouest ? D'une vieille souche paléolithique d'aurochs africains *(Bos primigenius)* présents dans la vallée du Nil et au Maghreb ? Du désert occidental d'Égypte où quelques fragments osseux, vieux de dix millénaires, ont été exhumés ?

Scène d'un élégant naturalisme peinte pendant la période pastorale du Néolithique. Wadi Aramat, abri 1.

Du massif tassilien de l'Akakus, au sud-ouest de la Libye, où une couche datée du VIIIe millénaire contenait 92 % de restes d'animaux domestiques ? Ces splendides images de vaches, souvent en troupeaux, dans des régions très arides à présent, outre l'émotion et le plaisir esthétique qu'elles procurent, fournissent des données sur les modes de vie et parfois sur des aspects de la spiritualité des anciennes populations d'éleveurs. Des scènes comme celle-ci, où un berger armé d'une lance et brandissant un bâton tente d'éloigner la panthère qui vient de terrasser une vache de son troupeau, sont saisissantes de précision et de réalisme. D'autres, comme ce char léger à deux roues, tiré par deux vaches blanches, posent bien des questions à l'archéologue.

ALGÉRIE

« On se demande, en le voyant commencer à ses pieds, puis s'étendre, s'enfoncer vers le sud, vers l'est, vers l'ouest, sans route tracée, sans inflexion, quel peut être ce pays silencieux, revêtu d'un ton douteux qui semble la couleur du vide ; d'où personne ne vient, où personne ne va, et qui se termine par une raie si droite et si nette sur le ciel […]. »

Eugène Fromentin
Un été dans le Sahara, 1853

Détail de la frise gravée de Oua-n-Rechla, tassili Oua-n-Ahaggar.

Au pied du plateau du Tassili-n-Ajjer, les avant-buttes de la falaise de grès, au nord-est de l'oasis de Djanet, sont impressionnantes par leur hauteur et l'ampleur des talus d'éboulis.

Le 1er avril 1974, nous avons quitté Djanet à 6 heures. Nous voilà au milieu des bagages, des sacs, des *guerba*, des cordes, sur le terre-plein, près de la *zeriba* (hutte). L'immense muraille découpée, une dénivelée de huit cents à neuf cents mètres, est devant nous. Avec une lenteur apparente, mais avec sûreté et précision, les âniers répartissent les charges, vérifient chaque bât et la solidité des liens, bloquant les ventrières, assurant l'équilibre de l'ensemble. Par l'*abaraka* Tafelalet, chemin le moins périlleux pour les bêtes et les marcheurs, nous serons au sommet du plateau au milieu de la journée. Refuge de vieilles civilisations, conservatoire de tant de mythes et de traditions encore mystérieuses, le Tassili-n-Ajjer ne se laisse pas aisément pénétrer. Nous nous

Dans la gorge profonde, sur la pente caillouteuse, l'abaraka, mince cheminement, s'élève vers le sommet du plateau des Ajjer.

élevons par une lente progression. Passés la première *akba* et son calme replat encadré de hautes falaises, la pente devient plus forte, plus caillouteuse. À flanc de versant, nous nous engageons dans un canyon. En bas, comme un fil clair, le petit oued est émouvant : depuis combien de temps n'a-t-il pas coulé ? Il y a huit à neuf mille ans, c'était un torrent… Le sommet est là. Tout au fond, vers le sud, dans les bleutés de la brume de chaleur, on devine plus qu'on ne voit les monts du Hoggar, sombres granites. Devant s'étale, éclatant de blancheur, l'erg d'Admer, et, à nos pieds, les colossaux contreforts de la falaise nous apparaissent, vertigineux de verticalité, avec leurs tours monumentales de grès ruinées, séparées par de formidables gorges aux ombres insondables.

Personnages émergeant d'une fissure élargie dans le grand abri de Ta-n-Zoumaïtak.

Peuplements anciens du Sahara et périodisation de l'art rupestre.

Dans l'immense Sahara, la répartition humaine et la densité de ses groupements ont toujours été subordonnées aux fluctuations du climat et, par conséquent, aux possibilités de vie plus ou moins sédentaire ou exclusivement nomade offertes par des milieux naturels humides ou secs.

Pendant l'optimum humide, approximativement entre 10000 et 5500 ans avant notre ère, il y eut bien quelques courts épisodes d'aridité (de cent à deux cents ans) dans certains secteurs, mais sans grande influence sur les peuplements. Dans la diversité écogéographique de ce Sahara « humide », la dispersion des populations était inégale, avec des concentrations plus fortes dans les massifs montagneux ou à leurs abords : Hoggar, Tassilis, Fezzan, Akakus, Aïr… Les endroits où des sédentaires ou semi-sédentaires pratiquaient la collecte de graminées sauvages et de tubercules, la pêche, la chasse puis l'élevage, furent en revanche éparpillés dans les zones basses, lacustres, marécageuses, ou bien le long des grands fleuves. Trois groupes humains y vivaient : des Noirs (négroïdes de type soudanais) originaires du sud, des gens à peau noire (de type éthiopien ou nilotique) venus de l'est, et des Blancs (de type protoméditerranéen ou « paléoberbère ») descendus du nord et du nord-est. Les différentes représentations humaines, les thèmes et les sujets de l'art rupestre attestent la convergence, la coexistence ou la cohabitation de ces groupes noirs et blancs pendant l'occupation néolithique et protohistorique du Sahara central et méridional. Les images gravées ou peintes, parfois à profusion, apportent une irremplaçable documentation sur ce qui n'est pas fossilisable : des instruments en bois ou en cuir, des textiles (vêtements, parures, coiffures…), des tatouages, scarifications, peintures corporelles, des activités sociales et spirituelles, religieuses au sens large, en un mot, des manières d'être et de penser.

La chronologie de l'art saharien, la plus naturelle et incontestable, considère la succession sur les rochers d'images d'animaux d'abord sauvages puis domestiqués. On s'accorde ainsi à distinguer quatre périodes : bubaline ou époque du grand buffle, aujourd'hui disparu, bovidienne ou époque des bœufs et vaches domestiques, caballine avec l'introduction du cheval, et cameline lorsque le dromadaire fait son apparition. Ces animaux donnent à la fois des repères écoclimatiques ou archéo-environnementaux et socioculturels : aux chasseurs-collecteurs ont succédé des éleveurs, puis des conducteurs de chars et des cavaliers, et enfin des chameliers. Bien entendu, à l'intérieur de ce classement, des subdivisions interviennent, différents styles dans les peintures ou chronostyles dans les gravures (piquées, incisées, polies…) apparaissent, qui peuvent permettre de distinguer ces groupes humains.

Au Tassili, quiconque avance dans les forêts de pierre sait que d'autres l'ont précédé il y a plusieurs millénaires. Ces lieux ont été parcourus, habités, sanctifiés, bénis ou redoutés par des hommes simplement différents de nous par leurs façons d'appréhender la nature et d'en utiliser les ressources, par leurs manières d'être et de croire. Ces êtres furent sans doute aussi réceptifs que nous à la magie des lieux, à cette indéfinissable ambiance faite de silences sonores, de résonances minérales, brèves et claires, de lumières surnaturelles, de pénombres rassurantes ou inquiétantes. Au cœur de ces « villes tassiliennes », dans ce temps immobilisé, comment ne pas transporter son esprit, son imagination, sa sensibilité vers ces gens d'avant et les

Dans les couloirs rocheux de la « ville » rupestre de Séfar, sur le plateau de Tamrit, aux Ajjer, règne une ambiance lumineuse et sonore particulière.

croyances qui gouvernaient leur vie ? Un couloir rocheux nous mène au site de Ta-n-Zoumaïtak, assez proche de la bordure du Plateau. Un arbuste, l'olivier de Laperrine *(Olea laperrini)*, véritable relique des temps d'abondance, se trouve au bout, à l'entrée de l'étendue sablonneuse qui forme comme une esplanade naturelle, en contrebas de l'abri. La grande fresque de Ta-n-Zoumaïtak, étalée sur une quinzaine de mètres, a déjà fait l'objet de nombreuses études et suscité maintes hypothèses mais, devant cet extraordinaire ensemble de peintures, je ne puis m'empêcher d'imaginer un espace rituel consacré à des conduites cérémonielles organisées et dirigées par un clerc, peut-être un chaman.

Le massif de grès ruiniforme de Séfar, où gisent des milliers de peintures, présente des aspects variés d'érosion. Ici, une trouée naturelle dans une paroi ouverte sur un niveau inférieur de la « ville ».

Comme d'autres fresques de plusieurs grands abris-sous-roche au cœur du Tassili-n-Ajjer, celle de Ta-n-Zoumaïtak relève d'un art théâtral. Manifestement, l'abri a été choisi et sa paroi utilisée pour leurs qualités scéniques. Tirant parti des accidents naturels de la roche, cette composition picturale met en scène des personnages, des animaux, des formes, des signes ou des objets qui mêlent le réel au surnaturel. Les images représentent ici des sujets, des idées et des croyances d'ordre chamanique. À droite, par exemple, un grand personnage émerge d'un creux de la roche, bras en avant, mains ouvertes. Sa tête paraît avoir un double profil. Un autre personnage, plus petit, au corps peint ou scarifié, qui tient un

La partie droite du grand abri de Ta-n-Zoumaïtak montre des personnages du style « Têtes rondes », émanant d'une culture animiste probablement chamanique du Néolithique.

long objet à crochet, semble sortir ou s'échapper du corps du premier. Métaphore du retour parmi les hommes après le voyage dans le monde des esprits, au-delà de la paroi ? Symbolisme de la renaissance ? On s'interroge, depuis la découverte de cette station, sur les formes blanches et ovales qui pendent au bout des poignets et des coudes du personnage situé plus à gauche. En les regardant, je songe à ce que dit un chaman guajiro : « Notre esprit va voir l'âme du malade qui veut mourir. Il va chez Rêve, il va là où se trouvent les défunts… Mais déjà l'âme a fait demi-tour ! Notre esprit l'enferme dans un petit sac. Il la met sous son bras, il la regarde à tout instant. Car elle voudrait retourner là-bas, très loin. »

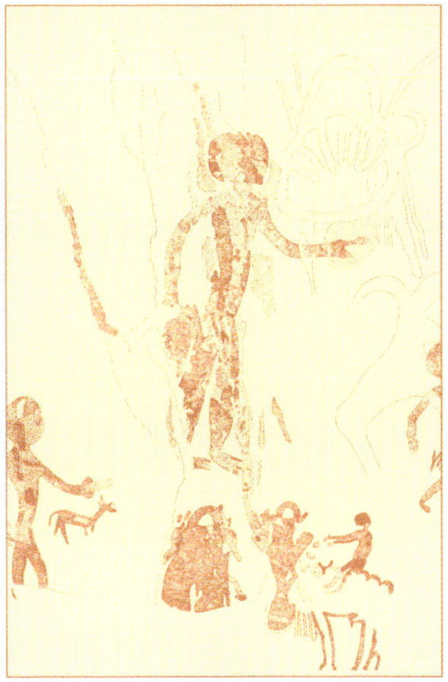

Détails des peintures de l'abri de Ta-n-Zoumaïtak : petit personnage assis sur un mouflon, grand personnage « Tête ronde » devant une forme blanche qui peut évoquer un tambour, tracés indéchiffrables.

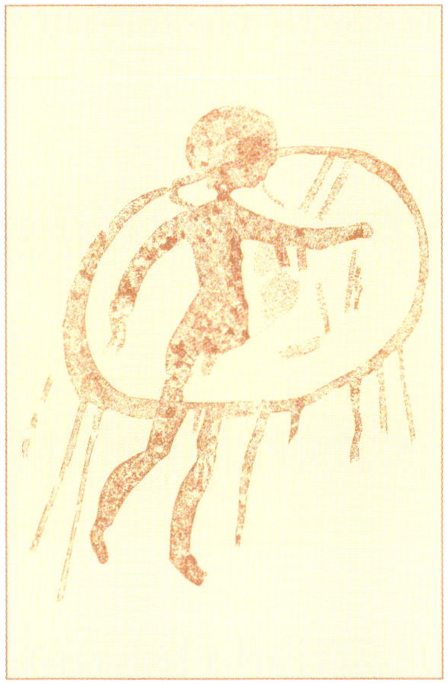

Un petit personnage « Tête ronde » semble traverser un tambour.

Stratigraphie probable, de la plus récente à la plus ancienne peinture : grand mouflon (1), antilopes (2 et 3), tambours (4 et 5), oviné ou boviné (6), tracé indéterminé (7), personnage à l'ocre blanche (8).

Néolithiques, les peintures du grand abri de Ta-n-Zoumaïtak appartiennent à la période ancienne de l'art saharien. Plusieurs styles y ont été définis, mais l'un d'eux est très reconnaissable : la forme humaine y est souvent représentée par des êtres – personnages réels, ectoplasmes ou illustrations d'esprits – dont la tête, sans visage, est globuleuse, simplement soulignée par un tracé circulaire, d'où l'expression de « Têtes rondes » associée à ce chronostyle.

Il faut reconnaître que, jusqu'à présent, l'énigme reste entière quant à la traduction de ces œuvres étranges. Pour Ta-n-Zoumaïtak comme pour d'autres sites du Tassili central, l'idée d'un art inspiré par une pensée et des pratiques chamaniques m'est venue progressivement. Cette intuition provient sans doute d'une longue fréquentation des sites, des ambiances, des images… Une sorte d'imprégnation de l'esprit des lieux. Il reste alors à fonder l'hypothèse sur un ensemble d'indices pertinents et concordants dans les peintures « Têtes rondes » qui exprimeraient des constantes du phénomène chamanique, quels qu'en soient l'âge, les mythes fondateurs, la tradition de ses origines et les modalités particulières de sa mise en œuvre.

Les peintures de la moitié gauche du grand abri réunissent des sujets variés, probablement en connexions sémiologiques. Deux personnages à la taille fine, aux corps parés, dans une gestuelle rythmée, portent une coiffure volumineuse. Ils sont surmontés d'une frise de mouflons blancs. D'autres mouflons, parmi lesquels un grand mâle rouge aux cornes admirablement dessinées, voisinent avec des animaux peu identifiables. Les uns et les autres pourraient évoquer des esprits-animaux. Dans ce cas, le mouflon aurait un rôle métaphorique : dans la pensée animiste, l'une des expressions du monde invisible, qui est perçu comme le « vrai » monde, se manifeste par des animaux détenteurs de pouvoirs bénéfiques ou maléfiques. Ce grand capriné sauvage serait alors l'un des esprits auxiliaires des chamans.

Dans la partie gauche du grand abri de Ta-n-Zoumaïtak, personnages, animaux, formes et objets appartiennent au même chronostyle des « Têtes rondes ».

Le tambour est l'un des instruments souvent utilisés par le chaman pour parvenir à la transe et accéder au monde des esprits. Peintes en rouge et blanc, on voit ici trois formes qui évoquent le tambour. Ovales ou rondes, munies de nombreuses lanières, leurs « peaux » décorées de motifs en cercles, points et chevrons, ces formes naguère décrites par Henri Lhote comme des méduses donneraient un sens proprement chamanique à l'ensemble, car l'unité stylistique est forte dans cet abri. Elles montreraient l'un des éléments essentiels du rituel : le tambour dont la valeur symbolique de véhicule du chaman vers le monde autre serait attestée par la peinture d'un petit personnage traversant l'une de ces formes.

Dans les profonds couloirs de Tamrit, au Tassili-n-Ajjer.

L'une des guelta de Tamrit où l'eau est permanente.

Le Sahara est sec. Cependant, l'eau est présente un peu partout dans le désert. C'est sa grande dispersion, sa répartition très inégale et son accès souvent difficile qui la rendent si précieuse. Les Touaregs disent *Aman, iman*, « L'eau, la vie ». Dans les montagnes, sur les plateaux, ils connaissent tous les itinéraires qui y conduisent. Combien de fois, au cours de mes voyages dans les labyrinthes tassiliens, guidé par un ânier, ai-je ressenti cette émotion, cette joie de me trouver brusquement devant l'une de ces taches vertes d'eau dormante, frémissant de larves d'insectes ou de minuscules crustacés, au fond d'un puits cylindrique dans la roche, miracle du surgissement de la vie au cœur de la pierre ? La géographie de l'eau au Sahara a grandement

À Terarart, au sud de Djanet, les vaches gravées sur la paroi d'un monolithe de grès datent du Néolithique. Elles font partie des chefs-d'œuvre de l'art saharien.

varié en fonction de l'évolution des climats au cours des dix derniers millénaires. La tête des vaches de Terarart est inclinée vers un plan d'eau actuellement imaginaire sauf quand de rares pluies remplissent la petite cuvette naturelle au pied de la roche. Cette mare existait au Néolithique quand les artistes ont exécuté ce chef-d'œuvre. Une légende raconte que ce qui ressemble à une larme gravée au coin de l'œil de ces bêtes viendrait de ce qu'un jour, assoiffées, elles auraient trouvé la mare asséchée. L'origine de cette histoire est peut-être un processus physiologique qui, en cas de soif intense, provoque chez certains animaux – les bovinés notamment – la sécrétion d'un liquide lacrymal salin qui durcit à l'air.

Les pigments des nombreuses peintures nettoyées à l'eau par les équipes d'Henri Lhote sont aujourd'hui affaiblis ou détruits.

Relevé des peintures, éthique de la conservation.

En matière de conservation des peintures rupestres, deux idées reçues ont animé pendant plus de vingt ans les travaux de relevé des fresques du Sahara : l'impression que le sec est conservateur et la certitude que si la nature a préservé pendant des millénaires ces peintures pariétales, cela peut durer longtemps encore. En 1956, au Tassili-n-Ajjer, des équipes de peintres procédèrent sous la direction d'Henri Lhote au relevé de milliers de mètres carrés de surfaces ornées, sans études préalables, sans précautions ni souci de pérennité des œuvres dans leur site. On lavait systématiquement les parois pour les débarrasser des poussières silico-argileuses sous lesquelles les peintures dormaient depuis cinq ou six mille ans. Après relevé des contours sur calques appliqués directement sur les parois, le mouillage des pigments était abondant et répété pour restituer, supposait-on, les teintes originelles, jusqu'à ce que la copie à la gouache fût achevée sur papier à dessin. Ces relevés sont maintenant entreposés dans les caves du musée de l'Homme, à Paris. S'ils gardent certaines qualités esthétiques, leur intérêt scientifique est nul car ces copies ne reflètent en rien la réalité des parois ni des couleurs des pigments préhistoriques. Jusqu'à la seconde moitié de ce siècle, on se préoccupait bien davantage de la découverte et de l'interprétation des archives du passé que de leur préservation contre les altérations naturelles ou les déprédations humaines. Il a pourtant été démontré que dans les climats arides, aux équilibres écologiques précaires, l'eau, même aléatoire et en quantités infimes, favorise des cycles vitaux d'autant plus actifs et intenses qu'ils sont brefs. Les sels minéraux et les micro-organismes en dormance sous les peintures du Sahara ont été brutalement réveillés par les aspersions inconsidérées des équipes de copistes : des photos prises à vingt ou vingt-cinq ans d'intervalle révèlent maintenant des « fantômes » de peintures ou bien des surfaces d'abris pour lesquelles seuls subsistent des relevés peu fiables ou quelques belles et bonnes photographies prises au moment du travail effectué. Face au « besoin de désert » qui croît chez nos contemporains de plus en plus accablés par les contraintes urbaines et au désir économique des États riverains du Sahara de valoriser leur exceptionnel patrimoine naturel et culturel, seules des règles de déontologie professionnelle et de respect des sites peuvent permettre de réduire les risques de détérioration. Cela doit nécessairement passer par la rigoureuse honnêteté de la recherche ainsi que par l'éducation d'un public souvent passionné mais peu informé de l'extrême fragilité du milieu saharien et de ses sites rupestres.

L'abri dit du « Grand Dieu », dans son cirque rocheux où règne un frais silence, ne peut manquer de soulever émotion et interrogations. Il est large de seize mètres, profond de six et haut de plus de trois mètres ; les peintres ont choisi sa paroi régulièrement concave, offrant une trentaine de mètres carrés de surface et tournée vers le couchant, pour représenter cet être de plus de trois mètres de hauteur, cornu, les bras fléchis avec une excroissance à l'endroit des biceps, précédé d'une grande antilope rouge surmontée d'une femme « Tête ronde », allongée, bras levés, et suivi d'une foule de personnages en posture d'orants. De cet endroit presque clos, de cette esplanade où l'on accède par trois couloirs rocheux resserrés,

Un détail de la célèbre fresque du « Grand Dieu » à Séfar montre des essais mal placés, restés sans suite et non concluants, d'application de vernis protecteur, lors d'une mission de l'Unesco en 1968.

un groupe néolithique a fait un sanctuaire. Pour quels rituels ? Quelles cérémonies ? Dans quelles intentions ? J'ai observé que le « regard » sans yeux du grand personnage mythique est dirigé exactement au centre du cirque rocheux et, grâce à une série de dix photos prises précisément entre 14 heures 30 et 15 heures 06 le 14 novembre 1979, que le jeu des ombres projetées par les découpures de l'auvent rocheux obscurcit progressivement la fresque et le personnage central selon un curieux graphisme… Une lecture de cette fresque dans le contexte animiste d'une société pratiquant le chamanisme correspondrait à l'hypothèse qui prend corps à Ta-n-Zoumaïtak.

Nombreux personnages nommés « diablotins » par Henri Lhote…

… et détail d'une scène complexe du style « Têtes rondes ». Séfar.

Pénétrer dans le massif ruiniforme de Séfar, en fin d'après-midi, après la hamada écrasée par un soleil uniforme, c'est s'introduire sans transition dans la pénombre d'une sorte de ville sainte, abandonnée des hommes, mais où sont omniprésentes les réminiscences de leur mystérieux destin. Dans les jeux d'ombre et de lumière, on perçoit ici, instinctivement d'abord puis comme une évidence, la puissante religiosité des lieux. Ce site renferme l'une des plus importantes concentrations de peintures « Têtes rondes » du Sahara. En transcrivant le plus fidèlement possible les panneaux ornés – grâce à ce que j'appelle un relevé micromorphologique qui associe étroitement les peintures et leur support rocheux –, on peut faire une lecture

Dans les ombres claires d'une « rue » de Séfar, à la recherche des fresques rupestres.

souvent plus claire et parlante que celle fournie par la seule photographie. À Séfar, nombreuses sont les parois où les peintures expriment cette symbolique ésotérique et traditionnelle propre à l'art africain, un art inséparable de la religion. Chamans en transe, magiciens possédés, exorcistes, faiseurs de pluie ou dispensateurs de fertilité, ces personnages à la tête arrondie, espèces de « diablotins » portant un pagne court à franges, campés sur leurs jambes écartées pliées à l'équerre, bras tendus, avec des sortes de petits sacs accrochés à leurs coudes et à leurs genoux, accomplissent une danse. Ce rituel est inconnu car la tradition est perdue, mais il y a fort à parier que ce n'est pas le seul plaisir de danser qui les anime.

Les interprétations de l'art saharien.

La difficulté et probablement l'impossibilité d'arrêter une explication de l'art rupestre résident autant dans la multiplicité des pistes de réflexion que dans la variabilité des hypothèses d'interprétation. Replacer l'art rupestre dans son contexte socioculturel relève déjà d'une enquête difficile, seuls quelques indices fragmentaires nous étant parvenus, les images elles-mêmes. Espérer retrouver des parcelles de sens impose une approche sémiologique d'autant plus délicate que nos filtres culturels se transforment avec le temps. La science occidentale elle-même, malgré l'universalisme de ses méthodes et de sa logique, achoppe parfois sur des mécanismes de pensée et des codes de comportement qui restent actuellement hors de son entendement. Depuis la fin du XIXe siècle, de la même manière que pour l'art paléolithique des cavernes d'Europe, les différentes significations attribuées à l'art, surtout néolithique, du Sahara s'inscrivent dans le mouvement historique de nos sociétés, dans leur évolution scientifique, technique, économique mais aussi intellectuelle et idéologique. Ainsi, ces interprétations qui reflètent les conceptions, les courants de pensée ou les modes de leur temps ont pu varier du plaisir gratuit de « l'art pour l'art » aux croyances totémiques, des rites magico-religieux de la chasse ou de la fécondité à l'expression de mythologies symboliques...

En cette fin de XXe siècle, des regards de plus en plus pénétrants sont portés sur les univers mentaux qui échappent au champ de la rationalité cartésienne. Le phénomène chamanique, peut-être aussi ancien que l'humanité, en fait partie. On ne sera donc pas surpris de trouver ici une lecture nouvelle de l'un des styles picturaux les plus énigmatiques du Sahara central, qualifié de « Têtes rondes ». Il s'agit d'une hypothèse qui décrit des pratiques chamaniques au sein de populations ayant occupé le Tassili-n-Ajjer au Néolithique ancien. Par sa fonction narrative, l'art rupestre permet d'imaginer l'environnement et la vie des peuples qui l'ont produit. Par sa fonction évocatrice, il permet aussi d'approcher ou de tenter de saisir les aspirations spirituelles de ses auteurs : mythes, rites, volonté de sacraliser la nature, désir, besoin de symboliser et de s'approprier les forces vitales de l'environnement physique, des puissances de l'esprit et de l'au-delà, souci d'écarter de l'individu ou du groupe les forces maléfiques, etc. L'art pré- et protohistorique du sous-continent saharien recèle ces deux catégories de message. Le travail qui aboutirait à la recension des images rupestres et à leur déchiffrement est loin d'être achevé. En sus de connaissances qu'on souhaite objectives sur cette pensée « fossilisée » dans la roche, le champ de réflexion sur notre propre pensée demeure inépuisable.

Vache à la robe bicolore, indice de domestication des bovidés. Jabbaren, Tassili-n-Ajjer.

Produites par des populations d'éleveurs, les peintures qualifiées de « bovidiennes » sont chronologiquement classées entre celles des « Têtes rondes » et celles de la période du cheval. Immédiatement identifiables par le naturalisme de leurs tracés et, le plus souvent, par le réalisme des sujets ou des thèmes qu'elles traitent, elles séduisent par l'esthétique des formes et du mouvement. Quoi de plus familier, en effet, que le splendide dessin de cette vache bicolore conduite par des bergers élancés portant de longs pagnes enveloppants dont les élégantes silhouettes rappellent celles des nomades peuls du Sahel ? Quoi de plus proche de nos perceptions que cette paisible scène où deux bergers, prêts à repousser de leurs flèches une

Nombreuses sont les parois à Séfar et dans tout le Tassili où ont été peintes avec grâce des scènes qui racontent la vie quotidienne des pasteurs néolithiques.

attaque éventuelle de prédateurs, mènent leur troupeau, précédés du lévrier local, le sloughi avec sa truffe au sol, et accompagnés de deux personnages montant sans doute un bœuf que l'érosion a effacé ? Ce serait cependant un contresens de ne voir dans les représentations de cet étage stylistique que le côté documentaire, anecdotique. Il est évident que l'acte même de représenter ces scènes si habituelles, la qualité des techniques mises en œuvre, les espaces choisis participent d'une volonté de réaliser plus qu'une simple description, peut-être de témoigner du lien profond qui unit les hommes du groupe à leurs troupeaux, comme c'est le cas dans la plupart des sociétés pastorales d'aujourd'hui.

Animisme et chamanisme.

Créé par le médecin allemand Georg Ernst Stahl (1660-1734) en réaction à la théorie cartésienne de la séparation du corps et de l'esprit, le mot « animisme » désigne à l'origine une vision de l'être humain unissant intimement une âme qui couvre la totalité de l'être à un corps qui n'est pas qu'un « animal-machine ». Dans les sociétés sans écriture, l'animisme est la croyance qu'une ou plusieurs âmes habitent les êtres humains, les animaux et tous les éléments de la nature. L'homme créé par la nature lui est lié et son existence est intégrée à l'ordre du monde, un monde voulu par les dieux ou le dieu suprême, par les ancêtres et par les nombreux esprits qui le peuplent. Il est donc normal que l'ordre social et spirituel dépende de l'ordre cosmique, de l'âme du monde. Et, face au monde environnant, c'est l'unité de chaque clan qui est à la base de la société animiste. Bien qu'on y retrouve les mêmes conceptions de la relation homme-nature, le chamanisme diffère de l'animisme par la présence d'une personnalité hors du commun, le chaman, qui possède des dons et les moyens particuliers d'accéder aux mondes autres. Comme le magicien africain, le chaman est un médiateur entre sa communauté et le monde des esprits. Il est tout à la fois prêtre, guérisseur, voyant et psychologue. Ses pouvoirs, obtenus après une longue initiation, lui confèrent une puissance bénéfique ou redoutable. Par toutes sortes de techniques, de rythmes et de mouvements, par la consommation de substances hallucinogènes ou psychotropes, le chaman pratique la transe ou l'extase comme moyen de voyager vers les mondes autres, de communiquer avec les esprits, de s'en faire des alliés ou de tenter d'éviter leurs maléfices et de revenir dans le monde réel, dans son groupe, pour soigner la maladie ou l'infortune. D'autres techniques fondées sur les mécanismes physiologiques de la douleur et la production d'endorphines par le cerveau permettent au chaman d'être visité et pénétré par les esprits.

Il y a dans l'art saharien des représentations qui évoquent des pratiques chamaniques : des personnages qui semblent voler ou flotter, des scènes, des animaux, des êtres qui paraissent résulter d'états de conscience modifiés, des objets qui rappellent le tambour du chaman indispensable aux fonctions rituelles et symboliques… La difficulté d'interpréter ces images réside dans la quasi-impossibilité d'émettre des hypothèses quant à la fonction sociale et à l'état de la psyché des auteurs de ces fresques. Tout au plus doit-on fonder ces conjectures sur le fait que la pensée chamanique, résiduelle de nos jours, serait l'un des universaux à la fois originels et permanents de l'esprit humain, dont certains indices subsisteraient dans l'art rupestre d'Afrique, des Amériques, d'Indonésie, d'Australie, d'Asie centrale…

Dans l'abri de Ti-n-Tazarift, ce grand personnage « flottant » ou « volant » évoque le voyage du chaman pendant la transe.

Février 1975. Nous voici devant l'abri de Ti-n-Tazarift, alvéole parfait à la base d'un banc de grès massif. La remarquable unité stylistique des peintures apparaît immédiatement : les grands personnages « Têtes rondes » brun-rouge, et l'unique animal, une petite antilope rouge vif, ont été réalisés par le même artiste, sans doute en même temps. Au centre, trois des sept individus qui composent cette fresque sont allongés, presque à l'horizontale. Ils ne sont cependant pas statiques : on a l'impression qu'ils se déplacent en planant ou en nageant. L'un d'entre eux, dont la tête porte peut-être un masque muni d'appendices, possède sur les bras, le torse et les jambes, peintes ou scarifiées, des lignes de points rouges. À l'un de ses bras est attachée une forme en

Les peintures de l'abri de Ti-n-Tazarift appartiennent au chronostyle des « Têtes rondes ». Peut-être d'inspiration chamanique, elles évoqueraient des états altérés de la conscience.

croissant (plume ou palme végétale). Le poignet de l'autre bras est élargi, comme entouré d'un épais bracelet. La petite antilope aux pattes raides se superpose à lui. Les quatre autres personnages sont placés verticalement. À droite et à gauche, comme des sentinelles, deux archers flanquent les personnages « flottants ». Il se dégage de cette composition équilibrée une impression d'irréalité, comme dans un rêve dans lequel s'accomplissent des actes impossibles. Ici, avec plus de conviction qu'en d'autres stations, on peut concevoir que les artistes aient eu l'intention de dépeindre la vision hallucinée de la sortie de soi, du « voyage » vers un autre monde, une lévitation naturelle en quelque sorte, dans un état modifié de la conscience.

Cet ensemble de peintures néolithiques de Séfar paraît regrouper des éléments de la pratique chamanique : tambours, danse de possession, etc.

Dans l'un des grands cirques rocheux de Séfar, une paroi élevée est couverte de peintures. Outre une procession d'orants, de nombreuses surcharges ont été dessinées : file de petits animaux, curieuse forme humaine à trois « yeux », au crâne bilobé, et quatre « tambours » attirant l'attention. La procession de personnages avec une tête ronde reliée sans cou au corps, au nombril proéminent, aux bras levés en geste d'adoration ou de révérence, jambes fléchies, aux fesses saillantes souvent cachées par la retombée d'un pagne court, peut évoquer une danse de guérison telle qu'elle se pratiquait récemment encore chez les San du Kalahari. L'absorption de substances hallucinogènes provoquait des transes, jusqu'à la perte de connaissance.

Sur plusieurs parois tassiliennes, comme ici à Séfar, le contour de mains appliquées sur la roche a été obtenu par soufflage de pigments.

À leur réveil, des hommes racontaient qu'ils avaient communiqué avec les puissances de l'au-delà, que leur corps démesurément allongé avait volé ou nagé sous l'eau, qu'ils avaient vu des lumières, des points, des lignes ondulées, des grilles, qu'ils s'étaient transformés en antilope ou en lion. Des visions comparables semblent bien avoir été peintes sur plusieurs parois tassiliennes. De la même façon, au Sahara, sur un certain nombre de surfaces rupestres, on trouve des mains « négatives » (obtenues par soufflage de pigments colorés sur les contours) et des mains « positives » (peintes). Dans un contexte chamanique, apposer la main sur la roche est l'un des moyens symboliques de passer de ce monde-ci à l'autre, derrière la paroi.

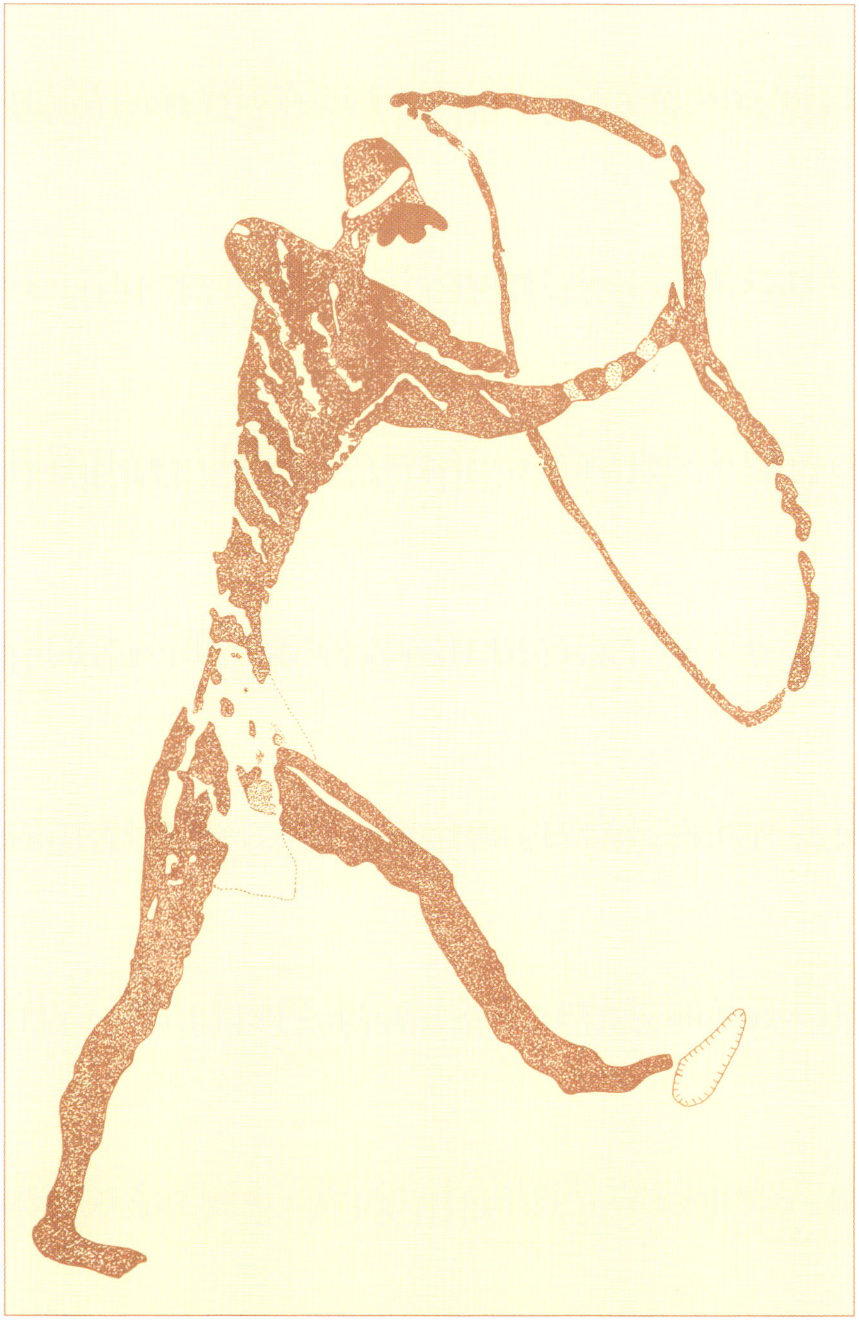

Archer masqué, au corps paré. Massif tassilien de la Tadrart.

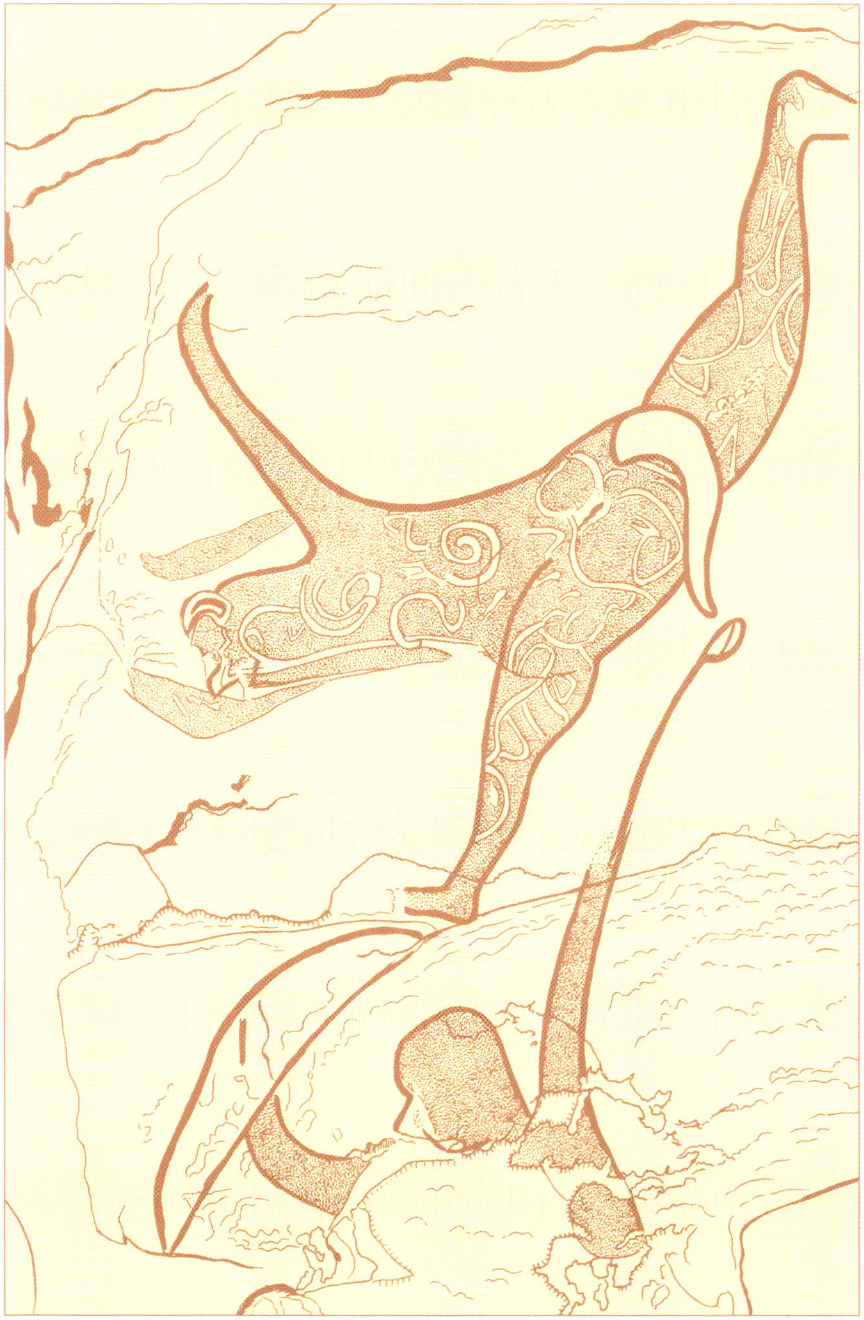

Détail d'une scène de combat. Alidemma, tassili de Ti-n-Merzouga.

Dans l'art de la période ancienne des « Têtes rondes », la violence, réelle ou symbolique, n'apparaît jamais. Dans les périodes ultérieures, en revanche, pendant et après la phase pastorale, nombreuses sont les manifestations de l'énergie guerrière : corps à corps, courses effrénées d'archers, arcs bandés ou poignées de flèches brandies, vraies batailles rangées parfois. Le contraste est si frappant qu'on peut parler d'une civilisation de l'arc, comme, plus tard dans les temps protohistoriques, on peut évoquer une civilisation de porteurs de lance chez les guerriers-éleveurs libyco-berbères. Le grand abri rupestre de Alidemma domine une vaste étendue sablonneuse, parsemée de clochetons de grès noirs. Il n'avait sans doute pas encore

Détail d'une paroi de Séfar où des archers en pleine course, brandissant leurs arcs, vont au combat.

été étudié par les archéologues : son sol est jonché de tessons de poteries décorées et d'objets lithiques. Sur le sommet plat d'un gros bloc, le fond de plusieurs cupules est encroûté de couleurs rouges, brunes, jaunes : des godets à peinture. Sur la paroi, en partie voilée par la poussière d'argile et de sable, presque toutes les figures sont des combattants, des archers au corps couvert de dessins. À toutes les époques, l'art saharien atteste le phénomène, primordial et constant chez l'homme, de la décoration corporelle. Une longue et minutieuse enquête reste à mener, parmi les milliers de représentations humaines actuellement connues, pour nous permettre un jour peut-être de mieux comprendre la fonction de ces corps parés.

Petit personnage rouge, de style « Têtes rondes »,
figurant dans l'alvéole d'un rocher en forme de crâne.

Un inventaire en cours.

Même si des voies commerciales transsahariennes, pour l'or de Guinée notamment, existent depuis 300 ans ap. J.-C., la pénétration et la reconnaissance du Sahara pendant l'Antiquité, le Moyen Âge arabe et à partir du XIXe siècle par les Européens ont toujours débuté grâce à des individus entreprenants, passionnés et à la résistance physique exceptionnelle. L'exploration de l'art rupestre et des vestiges archéologiques sahariens mobilisa des hommes doués de ces qualités mais, le plus souvent, elle suivit plutôt qu'elle ne précéda la domination coloniale du continent africain. Incontestablement, le pionnier de ces explorations scientifiques fut le géographe allemand Heinrich Barth qui, cinq années durant (1850-1855), sillonna le Fezzan libyen, le Tibesti, le Tchad, l'Aïr et le Niger. Seul survivant des cinq Européens partis la même année, il rapporta à Londres une formidable somme d'observations sur le désert, après plus de deux mille ans d'ignorance ! L'exploration des régions naturelles du Sahara est aujourd'hui achevée dans ses grandes lignes. Cependant, l'ère des découvertes est loin d'être close : l'inventaire déjà réalisé ne correspond en réalité qu'à quelques « nuages de points » sur 8 560 000 km^2 !

Depuis plus d'un siècle et demi, de spectaculaires progrès ont été accomplis dans la recherche sur le passé préhistorique et historique du Sahara. Grâce à l'action conjuguée d'équipes de chercheurs africains et européens et d'un nombre croissant d'amateurs éclairés, on assiste même, actuellement, à une accélération de l'analyse des données et des efforts multidisciplinaires en vue de réflexions ou de synthèses régionales. Il est évident que l'art rupestre ne peut exister que là où se trouvent des surfaces rocheuses. Mais toute roche n'est pas gravée ou peinte, loin s'en faut ! Sur l'immensité de certaines plaines nues et désolées (regs, hamadas), des affleurements discrets peuvent révéler de riches gisements de gravures. Ce fut le cas récemment au Sahara occidental, en territoire sahraoui. Dans les colossaux massifs granitiques ou gréseux du Hoggar, de l'Aïr, des tassilis, des concentrations rassemblent parfois plusieurs milliers d'images rupestres, laissant vierges de vastes ensembles rocheux. Les réseaux hydrographiques fossiles et leurs abords peuvent orienter la recherche de nouveaux sites, de même que certaines zones d'occupation préhistorique, mais toute « logique » d'inventaire exhaustif reste illusoire. En réalité, on ne peut qu'élargir des cercles autour de secteurs déjà connus ou nouvellement repérés. Dans cette patiente et passionnante construction du savoir, gardons-nous bien, cependant, d'oublier ceux-là mêmes sans qui l'exploration et les découvertes eussent été impossibles, même pour les plus aventureux et intrépides des étrangers : les caravaniers, les chameliers, les âniers, les chauffeurs, les informateurs, les pisteurs, les guides chaambas, touaregs, toubous, à jamais anonymes pour la plupart. Deux noms au moins doivent absolument figurer dans l'histoire des études sahariennes : Machar Jebrine ag Mohamed, dit Jebrine, l'infatigable guide de Brenans puis de Lhote, que j'ai eu la chance de rencontrer quelques années avant sa mort en 1981, et Amghar Kadouiche Mustapha, qui permit à l'universitaire italien Fabrizio Mori de trouver et d'étudier de nombreux sites du Sahara libyen et qui, malgré ses 70 ans, nous accompagna sur le terrain en février 1999.

Comme on l'a déjà vu, dans les massifs de grès ruiniformes du Tassili-n-Ajjer des lieux étaient choisis et utilisés pour leur morphologie singulière, l'atmosphère qui y règne, la sacralité diffuse qui en émane, leur théâtralité aussi, et leur commodité cérémonielle. D'un caractère très différent et inattendu, un de ces sites naturels dont le choix fut commandé par d'évidentes préoccupations spirituelles a été récemment découvert dans le massif de la Téfédest, au nord du Hoggar. Vu de trois-quarts, un gros bloc de granite au bord de l'oued I-n-Takouffê ressemble exactement à la tête osseuse d'un être humain. Tout y est : calotte crânienne, orbites, mâchoire supérieure à moitié enfouie dans le sable. Dans le « temporal » droit de ce

Ce bloc de granite érodé en forme de crâne humain, orné d'un personnage dans le « temporal » droit, a été découvert dans la Téfédest en 1993.

crâne de pierre, excavé en alvéole par l'érosion et en partie caché par son bord supérieur, on voit un personnage au corps svelte, peint en rouge, debout, un bras replié vers le haut, l'autre à moitié effacé. Sa tête arrondie est nettement disproportionnée, comme si le dessinateur avait voulu lui donner plus d'importance. Cette peinture, typiquement dans le chronostyle « Têtes rondes », discrète, isolée à l'intérieur d'une forme métaphorique et pétrifiée de la mort, possède une forte charge émotionnelle. Elle soulève aussi des questions qui risquent de rester sans réponse. En particulier, si l'intention symbolique paraît évidente, à quel contexte socioculturel rattacher cette icône ?

Serge Brunier, astrophotographe, et Guy Morlet, astronome, préparent le célestron. Oua-n-Rechla, 1987.

Il y a certainement plus d'étoiles dans le ciel que de grains de sable dans le Sahara. Sur le dos, allongé sur mon burnous, je songe à cette comparaison que Serge affectionne particulièrement. Le vent n'a pas soufflé depuis plusieurs jours, du moins pas suffisamment pour faire naître la moindre brume sèche. Cette nuit, l'atmosphère est exceptionnellement limpide. Pas de poussière en suspension jusque très bas sur l'horizon. Au dîner, tout à l'heure, les astronomes exultaient : de formidables observations et photographies en perspective ! Serge Brunier, alors rédacteur en chef de la revue *Ciel & Espace*, anime le petit groupe d'astronomes amateurs. Infatigable, passant ses nuits à l'œilleton de l'instrument, accompagnant les

L'amas stellaire Oméga du Centaure, photographié en février 1987 à Oua-n-Rechla. Tassili Oua-n-Ahaggar.

explorations archéologiques le jour, c'est un compagnon de voyage plein d'esprit, aussi drôle qu'instruit des choses du ciel. Un matin, au petit déjeuner, rayonnant, il nous annonça que, pendant la nuit, il avait probablement réussi la plus belle photo de l'amas globulaire *Omega centaurus*, un système stellaire à profil aplati, formé de centaines de milliers d'étoiles, en rotation gravitationnelle… Sur la pellicule sensible de son appareil, il lui avait fallu une heure et quinze minutes de pose pour fixer ce fourmillement de lumières venues du fond de la galaxie, des lueurs émises par des étoiles il y a bien longtemps, peut-être à l'époque où, ici même, des pêcheurs revenaient à leur campement, leurs nasses débordant de belles et grosses perches…

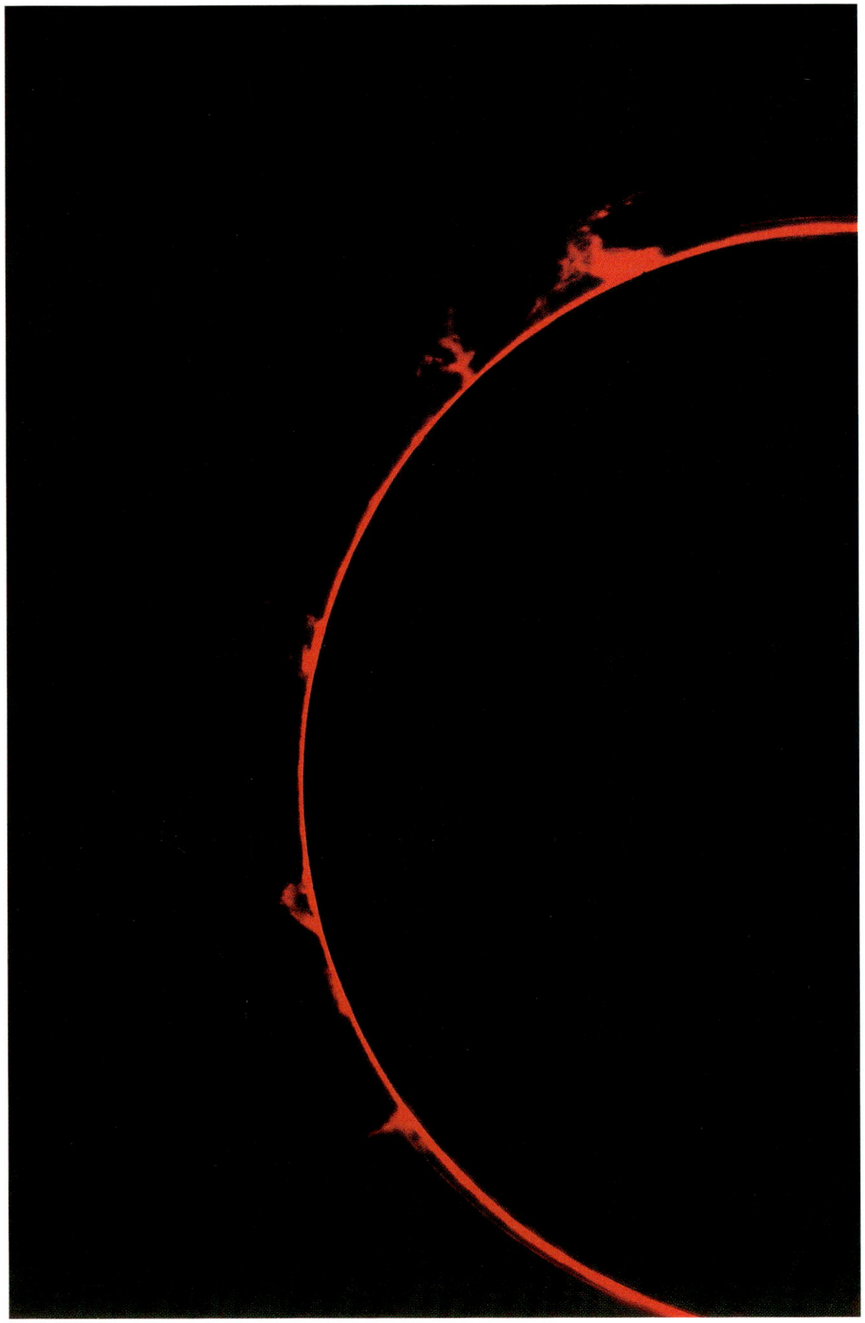

La couronne et les protubérances solaires…

… ainsi que le dernier quartier de lune. Hoggar.

Cette nuit-là, Guy, notre ingénieur cartographe-astronome, a fixé son trépied. Il a photographié un « filé d'étoiles ». Plusieurs heures de pose sont nécessaires pour que s'imprime sur la pellicule la rotation de la Terre autour de son axe, dans la direction de l'étoile Polaire. Les étoiles ne bougent pas, c'est l'appareil photo qui tourne en même temps que notre bonne vieille planète ! La coupole céleste donne alors cette étonnante image des constellations en cercles concentriques. Une autre fois, au cœur du Hoggar, ce fut un face-à-face avec la Lune à son dernier quartier. Un petit télescope suffit pour que ses cratères, des plus gigantesques aux plus modestes, prennent un relief saisissant dans l'aveuglante lumière du Soleil ; ce même

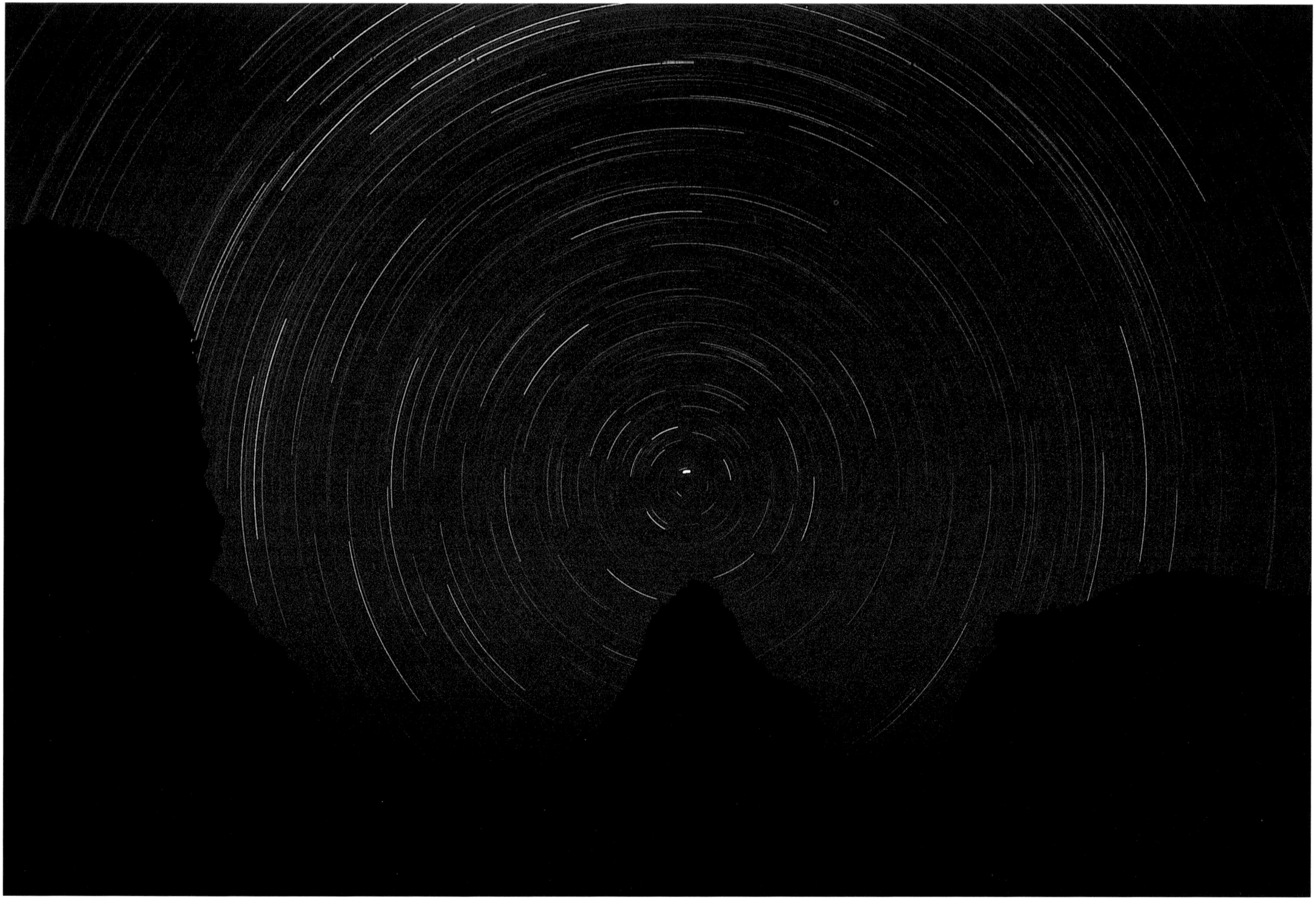

Par une nuit sans lune, un « filé d'étoiles » dans le ciel parfaitement pur des tassilis du sud matérialise la rotation de notre planète.

Soleil dont le coronographe permet, en plein jour, d'observer la fabuleuse couronne. Son halo, d'un rouge intense, est agité d'éruptions, formidables jets de matières gazeuses à plusieurs milliers de degrés, qui fusent dans l'espace à des dizaines de milliers de kilomètres. De quoi prendre pleinement conscience, au milieu du désert, son royaume sans partage, que l'énergie de cet astre apporte la vie autant qu'elle peut provoquer la mort. Ces images, obtenues par des artifices techniques, impressionnent les Touaregs. L'œil dans le télescope, ils rient et plaisantent souvent de voir si différentes d'aspects les étoiles ou les constellations qu'ils connaissent si bien et qui sont leurs repères depuis des temps immémoriaux.

La cavité Akar-Akar.

Pendant plus de quinze ans, entre 1974 et 1990, le mérite des reconnaissances dans la couronne des tassilis du sud du Hoggar revint au Français Yves Thiébaut. En 1985, avec son ami le Touareg Mokhtar Zounga, responsable de l'agence de tourisme Akar-Akar à Tamanrasset, il décida de faire un raid d'exploration plein sud, vers les régions où la carte archéologique laissait subsister de grands blancs. Après avoir suivi le cours du grand oued Ti-n-Amzi pendant environ trois cent cinquante kilomètres, ils abordèrent par l'ouest une vaste étendue plane, au sol durci, faiblement ensablée. Apercevant le porche imposant d'une cavité ouverte dans la falaise d'une formation de grès tassiliens, en bordure de ce qui se révéla être un ancien lac asséché, quelles ne furent pas leur surprise et leur émotion de découvrir sur les parois des dizaines de représentations rupestres, principalement des peintures ! Un site majeur de l'art saharien venait d'être localisé.

Outre sa remarquable position géographique entre le massif de l'Adrar des Iforas (Mali) et celui de l'Aïr (Niger), plusieurs caractères font de cette cavité l'un des sites les plus originaux et intéressants du Sahara. C'est le seul lieu où se trouve inscrite une séquence chronostylistique complète de l'art saharien, depuis les plus anciennes gravures néolithiques jusqu'aux peintures et inscriptions alphabétiques de la période historique. Sur les surfaces, le registre inférieur des représentations correspond aux gravures les plus anciennes d'animaux, de personnages et de signes. Elles montrent un art autochtone, régional ou d'influence africaine plus élargie, probablement originel. Plus haut, des scènes peintes traduisent en revanche un art importé, originaire du Bassin méditerranéen (au nord et au nord-est), nettement postérieur : par exemple, des chars en pleine course tirés par deux chevaux chacun et des personnages schématisés que l'on pense être les anciens Berbères. Plus haut encore, vers le plafond de la cavité, la présence de dromadaires atteste l'installation des conditions arides du Sahara islamo-berbère que nous connaissons. Une dune de sable soufflé s'est progressivement élevée à l'intérieur, créant une sorte de plancher mobile : les gravures et les peintures qui ornent les parois sont ainsi étagées et non pas superposées comme c'est habituellement le cas. On se trouve donc, dans cette cavité, devant une sorte d'échelle stratigraphique socioculturelle, étalée sur neuf à dix mille ans, qui montre des traditions contrastées, propres aux ethnies ou aux populations distinctes qui se sont succédé dans la région, pour y séjourner dans des conditions climatiques changeantes. Peut-être sanctuaire aux fonctions différentes selon les époques, mais certainement aussi lieu de rassemblement ou de convergence de plusieurs traditions rupestres, la cavité Akar-Akar présente, à elle seule, un remarquable résumé des modes de vie et des croyances des peuples anciens du Sahara méridional.

Porche de la cavité Akar-Akar à l'intérieur de laquelle une dune s'est formée progressivement.

Février 1987. Laissant derrière nous Tamanrasset, à plus de mille quatre cents kilomètres, nous entrons dans les tassilis du sud, vastes dépressions topographiques parsemées de reliefs gréseux résiduels. Des paysages très différents de ceux du monumental Tassili-n-Ajjer, loin vers le nord-est. La surface et les bords de l'ancien lac ovale de Oua-n-Rechla, d'une trentaine de kilomètres de pourtour, la zone paléomarécageuse de Oua-n-Chems, vers le sud-est, tout ici évoque les conditions d'une vie végétale et animale abondante, variée, favorable à l'établissement de groupes humains importants. Où que l'on aille quand on marche sur la dernière couche des sédiments déposés par les eaux du lac, des fragments osseux affleurent,

Vue sur le paléolac de Oua-n-Rechla, depuis la cavité Akar-Akar, découverte en 1985 et dont l'art rupestre a été étudié en 1987 et 1988.

décapés par le vent : des tiges pétrifiées de roseaux, des os graciles d'oiseaux aquatiques, des vertèbres de poissons, des plaques dermiques de crocodiles, des écailles de tortues, des coquilles d'escargots et de moules d'eau douce. À plusieurs endroits, engagés dans le limon durci, des restes humains voisinent pêle-mêle avec ces fossiles animaux : quelques malheureux pêcheurs néolithiques noyés par une crue soudaine, ou dévorés par un crocodile ? Depuis le porche ogival de la cavité Akar-Akar, si riche en peintures rupestres, on domine l'étendue plane, maintenant ensablée. On imagine ce qu'a pu être ce grand lac, une région foisonnante de vie et d'activités pendant le Néolithique, entre 7000 et 9000 ans avant notre ère.

Les peintures de la période du cheval sont assez abondantes dans la partie supérieure des parois de la cavité Akar-Akar.

À quel moment arrivèrent-ils à Oua-n-Rechla, ces hommes grands, minces, vêtus de courtes tuniques serrées à la taille ? Quand ajoutèrent-ils, sur les parois déjà couvertes de gravures et de peintures de la vaste cavité, ce char extraordinaire, en pleine course, tiré par deux chevaux, et ce tableau, en rouge et blanc, où deux beaux chevaux encadrent un maître-dresseur ? Il y a trois mille ans peut-être. Ou un peu avant. Une chose est sûre : les paysages qu'ils ont fréquentés devaient beaucoup ressembler à ceux de maintenant, un peu moins ensablés sans doute, davantage parsemés de buissons et de touffes de graminées. Après de longues et minutieuses études des gravures et des peintures de chars qu'on trouve un peu partout sur les

Les auteurs antiques nommaient Garamantes les populations d'origine méditerranéenne d'éleveurs de chevaux qui se répandirent dans le Sahara il y a environ trois mille cinq cents ans.

rochers du Sahara, Jean Spruytte, un maître d'attelage, a reconstitué un bige à barre de traction, muni de sa plate-forme étroite et du harnachement semblable aux plus précis des modèles rupestres. Il l'a fait tourner dans un manège, avec succès. Bien qu'elle persiste, l'idée, soutenue naguère par Henri Lhote, d'une route des chars traversant le Sahara de Tripoli à Gao est irréaliste. En revanche, celle selon laquelle des chars légers ont pu servir pour le dressage des chevaux dans plusieurs centres d'élevage et être utilisés localement pour des courses, paraît mieux fondée. L'archéologie expérimentale appuie cette hypothèse. Oua-n-Rechla fut peut-être l'un de ces centres d'entraînement à la course d'attelage.

Discrètement visible, le sentier néolithique autour du paléolac de Oua-n-Rechla a été emprunté par des pasteurs et leurs bêtes il y a trois ou quatre millénaires.

Dans toute la région de Oua-n-Rechla, pendant les phases humides du Néolithique, un écosystème remarquablement riche s'est développé le long d'un véritable chapelet de lacs entrecoupé de zones marécageuses. Là, des groupes « bovidiens » devaient nomadiser, profitant des conditions extrêmement favorables du milieu. Les peintures qu'ils ont laissées dans la cavité Akar-Akar et leurs nombreuses gravures dispersées aux alentours montrent l'importance de leurs troupeaux. Comme les éleveurs peuls du Sahel, ces nomades disputaient les pâturages aux grands herbivores de la faune sauvage : certaines peintures de girafes et d'antilopes, certains fragments osseux de buffles ou de phacochères suggèrent des acacias parsemant

Troupeaux de bovidés domestiques aux robes bicolores, antilopes, girafes, scènes de la vie pastorale. La région de Oua-n-Rechla, maintenant très aride, a connu l'abondance.

la savane herbeuse. Le contraste est saisissant entre la profusion de ces vestiges témoignant d'une vie diversifiée et le paysage actuel où elle est rare, timide ou cachée. Les plus fidèles visiteurs de ces lieux ne sont guère aujourd'hui que ces charmantes gerboises dont les petites traces entourent le sac de couchage, au réveil. Un matin de février 1987, longeant le bord du paléolac, nous avancions sur la pente caillouteuse d'un modeste versant. Quelle émotion lorsque nous avons croisé, à mi-pente, un cheminement discret, simple bande sinueuse, un peu plus claire, parmi les cailloux noircis, probablement l'un des sentiers laissés par le piétinement longtemps répété des vaches et de leurs gardiens néolithiques allant au pâturage !

La cavité des « hommes-reptiles », en bordure du paléolac de Oua-n-Rechla a été découverte par Yves Thiébaut et Mokhtar Zounga.

Devant des images rupestres, il est facile de reconnaître celles qui ont été faites par des groupes de chasseurs et celles produites par des sociétés de pasteurs : la présence ou l'absence d'animaux domestiques est un critère formel de différenciation. Souvent aussi, c'est un moyen simplifié mais sûr de les classer dans le temps. Cependant, à Oua-n-Rechla, les gravures découvertes dans la cavité des « hommes-reptiles » ne permettent pas d'utiliser un tel critère. C'est un cas fort rare. En effet, la paroi nord de cette cavité d'effondrement ouverte à ses deux extrémités dans un éperon de grès présente un ensemble de gravures particulièrement énigmatique : anthropozoomorphes de reptiles (crocodiles ou lézards), signes et symboles divers (croix, ovales, chevrons, groupes de cupules et de fuseaux polis). Le caractère ésotérique de ces gravures tient à l'absence de représentations figuratives animalières ou humaines, à une exception près : une gravure de saurien au milieu d'une niche. La face d'un gros bloc effondré, proche de la paroi, porte un signe formé de trois arceaux concentriques partiellement recouverts par les sédiments cendreux d'un foyer. Le décapage superficiel de cette couche archéologique a révélé de nombreux restes calcinés : un morceau de fémur de boviné, des écailles de tortue, des plaques dermiques de crocodiles, des tessons de poteries décorées et des fragments de charbon de bois. Ils ont été datés de 6000 ±70 ans avant nos jours par la méthode du radiocarbone 14. Cette date correspond aux dernières utilisations du foyer, la prise d'échantillon ayant été faite en surface. L'âge des gravures partiellement recouvertes par le foyer et celui des parois qui reproduisent les mêmes motifs sont nécessairement plus anciens. On en déduit que le décor rupestre de la cavité a été exécuté il y a plus de six mille ans. Compte tenu de la possible appartenance de

Gravure stylisée d'un « homme-reptile » dans une niche naturelle de la cavité découverte en 1985.

ses occupants à des groupes mélanodermes venus de l'est ou du sud dans cette région saharo-sahélienne, vers le VIIe millénaire, il ne serait pas irréaliste d'imaginer que les « Troglodytes-Éthiopiens » dont parle Hérodote au Ve siècle ap. J.-C. puissent être les lointains descendants de ces groupes néolithiques. L'historien mentionne en effet que ces curieux hommes, pourchassés par les Garamantes, « vivent de serpents, de lézards et d'autres reptiles » et qu'« ils parlent une langue qui n'a rien de commun avec celle des autres nations ; on croit entendre le cri des chauves-souris ». Dans ce cas, le seul lien possible, ténu certes, avec ces ancêtres, pourrait être la survivance d'une tradition de consommation, alimentaire ou rituelle, de reptiles.

Paléoclimats, hydrographie et écosystèmes.

Le Sahara présente des modelés géomorphologiques qui témoignent de périodes passées aux climats très humides. Le spectacle impressionnant encore donné de nos jours par les crues dévastatrices de grands oueds intermittents, au nord comme au sud (oued M'zi, oued Tamanrasset), suggère l'énergie considérable et la puissance d'érosion de ce que furent les immenses réseaux hydrographiques dans l'ensemble du Sahara. On peut alors imaginer la superficie et la profondeur de certains paléolacs, ainsi que la masse sédimentaire que les fleuves y déposaient. Au maximum des phases humides, il y a environ neuf ou dix mille ans, la superficie du « paléo-Tchad » dépassait 320 000 km^2 ; sa profondeur variait de 40 à 160 mètres. Après cinq mille ans d'évaporation, l'actuel lac Tchad, profond de 1 à 6 mètres, n'a plus que 10 000 à 25 000 km^2, en fonction des saisons. Sans avoir atteint de telles dimensions, de nombreux lacs sahariens existaient, de part et d'autre du tropique du Cancer et depuis l'Atlantique jusqu'à la vallée du Nil, pendant l'optimum climatique. Leur niveau a varié en fonction de l'intensité des pulsations humides, séculaires ou millénaires, jusqu'à ce qu'un changement climatique global généralise leur assèchement, il y a quatre mille cinq cents à cinq mille ans. C'est autour de ces anciennes étendues lacustres ou palustres que les vestiges d'animaux et les traces laissées par l'homme sont les plus abondants. Depuis une trentaine d'années, de multiples sites ont livré aux chercheurs des flores et des faunes fossiles caractéristiques des climats de savane arbustive ou arborée. Dans ces milieux évoluaient les espèces inféodées à l'eau permanente (hippopotames, tortues, crocodiles, poissons), sédentaires (rhinocéros, phacochères) ou peu dépendantes de l'eau et semi-migratrices (éléphants, girafes). Ces fossiles sont voisins de gisements de surface et de dépôts archéologiques stratifiés, qui remplissent plusieurs abris-sous-roche ou cavités ayant connu une occupation humaine plus ou moins prolongée. Parfois, fossiles et artefacts sont étroitement mêlés. Parmi les objets manufacturés, dispersés ou au contraire concentrés dans certains sites en quantités considérables, on trouve des outils en pierre ou en os, des instruments de pêche, de chasse, des broyeurs de graines sauvages, des céramiques, etc. Ces traces d'une importante présence humaine, en relation avec les restes d'animaux aquatiques et de grands herbivores, évoquent les écosystèmes de l'actuelle Afrique tropicale humide. C'est à juste raison qu'on a ainsi pu parler d'un « Sahara vert » au Néolithique.

Grandes crues de l'oued M'zi…

… à Ras el Aïoun, près de Laghouat.

Ras el Aïoun. 1er octobre 1972, 17 heures. Les lourds cumulo-nimbus s'éloignent vers le nord-est. À Laghouat, la palmeraie redresse lentement la tête dans l'air apaisé. L'orage est passé. Il s'attaque maintenant à la région des Ouled Naïl. De la berge, le spectacle est invraisemblable : la crue est énorme, tumultueuse, tourbillonnaire. En face, dans la belle lumière du soleil enfin libéré avant son coucher, des pans entiers de la falaise s'écroulent, aussitôt capturés, dispersés par le flot. L'eau est solide, épaisse. Ses reflets dorés paraissent rassurants. Sur son chemin pourtant, je l'apprendrai plus tard, à Tadjmout, au pied du djebel Amour, elle a fait des morts, emporté un berger et des ânes, écroulé des gourbis, dévasté

Vue aérienne oblique du plateau Tassili-n-Ajjer avant l'atterrissage à Djanet : grès ruiniformes, forêts de pierre et canyons.

des jardins. Plus de soixante-dix ans auparavant, c'est probablement une crue de cette force qui emporta Isabelle Eberhardt. Sous la simple pierre des cimetières du désert, Lyautey a enterré celle qui était son amie. Dans les deux langues il fit inscrire : « El Sayyed Mahmoud, Isabelle Eberhardt. Épouse Ehnni Slimène. Morte à 27 ans. Catastrophe Aïn-Sefra du 21 octobre 1904. » Les pluies, rares mais généralement violentes, entraînent ces écoulements extrêmement brutaux sur des alluvions desséchées. Finalement, les énormes volumes d'eaux limoneuses, étalés des dizaines ou des centaines de kilomètres plus loin, ne servent guère aux hommes : l'essentiel s'évapore et le restant s'infiltre très rapidement.

Ouarzaghan verse le thé à la menthe dont le sucre attire les mouches qu'il chasse de la main.

Petit bonheur vert : l'une des guelta dans la gorge d'Essendilène.

« Dieu a créé le désert, un pays avec et sans eau pour que les hommes trouvent leur âme… » Les Touaregs l'ont-ils déjà trouvée, alors que nous autres, le temps d'une randonnée, venons la chercher ? Essendilène ! Les voitures se sont engagées dans la gorge mythique, prenant le milieu de l'oued, seul passage à peu près praticable dans le sable mou, parmi les buissons de jujubiers et les bouquets de calotropes. À droite, absolument verticale, la falaise paraît sans fin. Depuis le 4x4, on n'en voit pas le sommet. Ici, quand le vent s'engouffre la nuit dans ce couloir de géant, les *kel essouf*, les mauvais génies de la montagne, doivent régner en maîtres. Nous avons bivouaqué plus loin, après le goulet, dans un élargissement de la gorge, sur la laisse de

Le sentier qui mène à la grande guelta d'Essendilène dans la fraîcheur du petit matin.

sable d'anciens écoulements. Ce matin du 1er avril 1975, nous marchons depuis deux heures, trois peut-être. Les parois se rapprochent. À certains endroits, des enchevêtrements de branches, de troncs et de souches obligent à des acrobaties pour continuer. Tout à coup, la *guelta* est là, devant nous, ronde, tout au fond du gigantesque cylindre de roche. Tout vit ici, dans les eaux noires et frémissantes, autour, sur le mince anneau de sable clair, sur la minuscule plage bordée de lauriers roses et blancs. Nous dérangeons, c'est évident ! Tous ces piétinements, ces empreintes à quatre doigts étoilés des grues, ces palmures, ces griffures, ces pelotes, ces fils ondulés… Nous sommes arrivés à cet éden qui alimente les rêves lorsqu'on est ailleurs, là où le désert désespère.

1. *Séfar, Tassili-n-Ajjer.*
2. *Wadi Ahloun, abri 7.*
3. *Wadi Aheir, abri 12.*
4. *Wadi Aheir, abri 12.*
5. *Wadi Tabrakat, abri 1.*

1

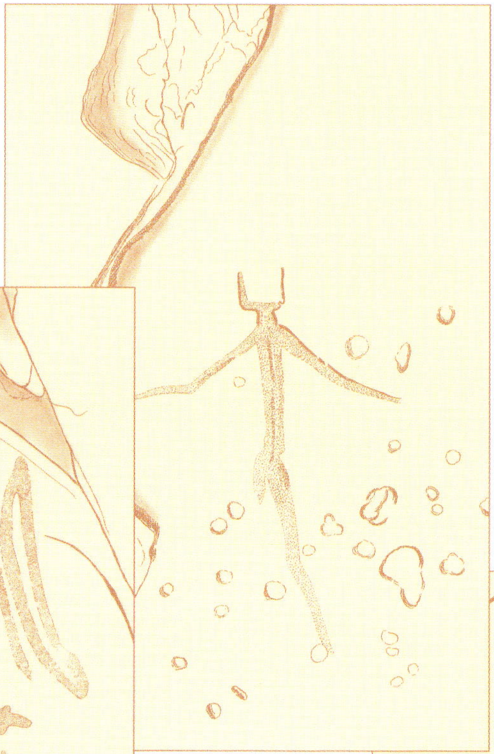
4

3

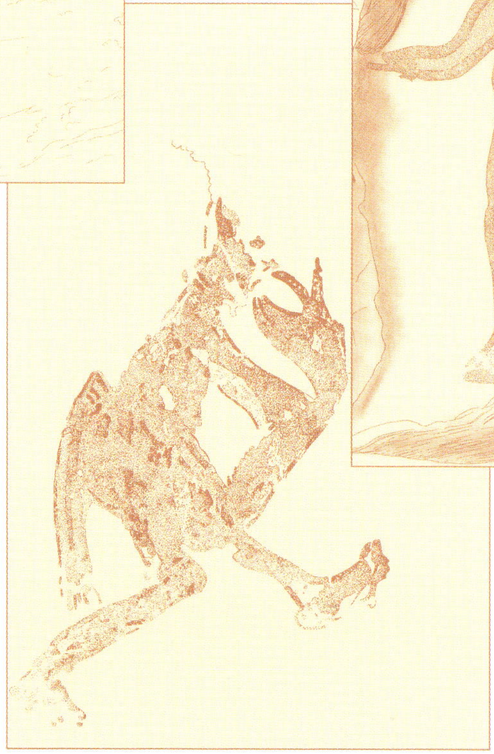
2

Dans l'art profus du Sahara, l'image humaine est partout présente sur les rochers, à de rares exceptions près. L'étonnant visage de l'« homme de Gouiret » et la scène gravée dont il est le sujet principal appartiennent à un contexte archéoculturel différent de ceux du Sahara central. Les traits fins et anguleux, le nez aquilin, le regard fixe et pénétrant, la barbiche, les longs cheveux raides dépassant de la coiffe en cimier arrondi d'où partent des rayons, l'attitude, tout dans ce personnage hiératique paraît symboliser la sacralité du pouvoir. Celui du prêtre ? Celui du chef ? Cette figure peut-elle authentifier la structure hiérarchique d'une communauté néolithique, au nord du Sahara ? Au Tassili-n-Ajjer central et dans son prolongement

Très rares sont les représentations du visage dans l'art rupestre saharien. Au nord, dans les Monts des ksours, le regard de l'homme néolithique de Gouiret bent Saloul est impressionnant.

oriental, pendant la période des « Têtes rondes », les représentations anthropomorphes ont pu correspondre chacune à autant de façons d'accéder à la face cachée de l'être, à des réalités autres : celles du monde invisible. Ce personnage avec un disque rond à la place de la tête, duquel sort une main, cette forme animale cornue, intimement soudée à un corps d'apparence humaine, cet individu massif brandissant comme un arc et une flèche, cette silhouette longiligne à cornes de taureau, cette étrange tête de souris sur un corps gracile au ventre proéminent, étaient peut-être pour les hommes d'alors le moyen de réaliser l'indispensable communication avec l'invisible, véritable âme du monde.

Inscription arabe à Ti-n-Missao.

Abri aux cavaliers, près du puits de Ti-n-Missao.

Dimanche 25 février 1990. 11 heures. Puits de Ti-n-Missao. Ciel blanc, laiteux. Chaleur lourde, assez accablante. Une brume sèche nous enveloppe. Sous le chèche, ma tête baigne dans une ambiance équatoriale, chaude et humide. Je le garde toutefois pour protéger ma bouche de la poussière… Près du fût métallique enterré dont le bord fait office de margelle gît un dromadaire desséché, horriblement tordu par les convulsions de l'agonie. Il s'est effondré là, assoiffé, sans personne pour lui tirer l'eau salvatrice. Dans la très relative fraîcheur d'un gros bloc, une halte s'impose avant d'aller visiter les abris rupestres tout proches, que beaucoup d'autres avant nous ont vus, relevés et étudiés. Très tôt, ce matin, notre petite colonne a quitté le bivouac de l'oued Amded, un « affluent » du large oued Tamanrasset, à plus de deux cents kilomètres du Hoggar, vers l'ouest-sud-ouest, par la grande piste du Mali. Combien de fois Ahmed, le guide, oncle de Mustapha, de la faction des Kel Chebel, a-t-il emprunté cette piste ? De nombreuses peintures ornent les abris excavés au pied des falaises aux parois abruptes, de chaque côté du puissant canyon de Ti-n-Missao. Cette gorge entaille l'énorme masse des grès horizontaux du Tassili-n-Adrar. À proximité d'une des pistes sahariennes les plus fréquentées, ces peintures sont connues de longue date. Déjà, en 1860, sur sa carte du « Plateau central du Sahara », l'explorateur Henri Duveyrier attribuait à la conquête musulmane des inscriptions en caractères arabes dont le graphisme n'est plus utilisé et qu'il qualifia de koufique, une ancienne forme d'écriture. Dans un article de 1938, documenté et toujours d'actualité, Théodore Monod soulignait plutôt le caractère récent de ces écrits rupestres peints en rouge. Dans un vaste abri de la rive gauche, l'une de ces inscriptions est placée dans un cartouche. Huit lignes la composent :

Le grand abri aux inscriptions arabes et berbères (libyques et tifinar), près du puits de Ti-n-Missao, servit longtemps d'étape aux voyageurs.

« Alors te délivrera d'eux (1) Dieu, qui est celui qui entend (2) [et] celui qui sait. Ô Dieu ! (3) Répands tes actions de grâce [sur] Mahomet (4) le prophète ummi (5), le béni, le bien dirigé (6), comme tu as répandu tes actions de grâce et tes (7) bénédictions sur Abraham (8). » Il est difficile de décider s'il s'agit ici d'un graphisme réellement ancien ou seulement d'un graphisme de tradition ancienne. Venant du nord en 1905, Maurice Benhazera, officier interprète, transcripteur de ce texte, a pu, sur la foi du témoignage indigène, attribuer une ancienneté exagérée (VIIe-VIIIe siècles) à cette inscription. Si l'on vient du sud, du Soudan, ce type de graphies géométriques, encore utilisé dans certains manuscrits modernes, peut paraître d'âge récent.

Fragment calcaire à oxydations rythmées, poli par le vent.

Bloc de grès à anneaux de diffusion d'oxydes de fer.

Rose des sables : cristallisations de gypse.

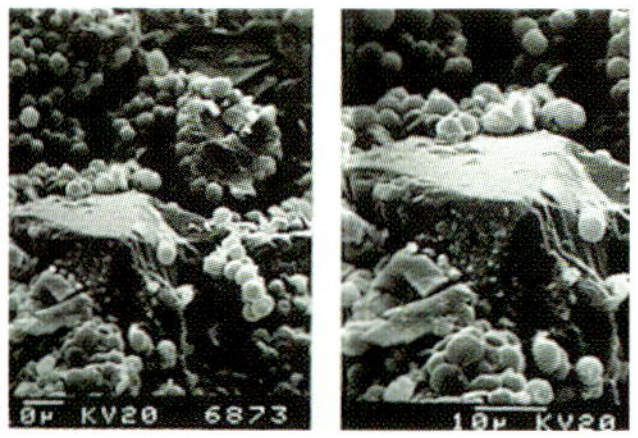

Grains de quartz d'un grès entourés d'algues unicellulaires, vus au microscope électronique à 1 000 x.

À fleur de pierre.

L'intensité des contrastes entre les rochers sombres et les sables clairs accompagne constamment les impressions visuelles du marcheur. De même, pour peu que l'on casse ou que l'on retourne un caillou de reg entièrement noir à sa surface, on constate que l'intérieur ou le dessous de la roche est souvent très clair, blanc, jaune ou rose. Au Sahara, en effet, la plupart des roches sont recouvertes de ce qu'on nomme la patine. C'est un enduit minéral pelliculaire, dur même sur des roches tendres, d'épaisseur presque constamment inférieure au centimètre, brun-rouge, grisâtre, parfois d'un noir dense et luisant, à reflets métalliques. Ces cortex de météorisation sont de minces microécosystèmes biominéralisateurs où le vivant et le minéral interagissent. Des microflores bactériennes associées à d'autres organismes, filaments algaires (cyanobactéries) et fongiques (mycéliums de champignons), mobilisent les minéraux solubles présents dans la roche, en particulier le fer et le manganèse, s'en nourrissent, les oxydent (d'où les couleurs brunes, rouges et noires) et les concentrent en surface par cristallisation biogène. Des apports éoliens de poussières siliceuses et argileuses alimentent ces patines depuis l'extérieur. La densité des couleurs et l'épaisseur variable des patines peuvent aider l'archéologue à attribuer un âge relatif aux gravures rupestres : un trait gravé à patine noire assez épaisse sera logiquement plus ancien qu'un trait à patine mince et brun clair. Dans les abris à peintures néolithiques du Tassili, la surface du grès subit de multiples altérations : efflorescences salines en croûtes blanchâtres, développements de micro-organismes qui désagrègent ou affaiblissent les pigments, etc. Autant les surfaces rocheuses naturelles peuvent être belles, intéressantes et riches en informations, autant les processus qui les affectent lorsqu'elles ont été ornées de fresques, il y a quelque cinq mille ans, peuvent avoir des conséquences dramatiques pour la conservation d'un patrimoine irremplaçable. La surface des roches, de même que celle des sols sableux, argileux ou calcaires, montre beaucoup d'autres aspects microsédimentaires ou érosifs qui témoignent d'actions passées ou actuelles de l'eau et du vent. Dans des sols sableux riches en sulfate de chaux, de belles fleurs de gypse cristallisent. Ce sont les fameuses roses des sables qui, trop souvent encore, attirent la convoitise des marchands. À défaut d'une végétation luxuriante, le Sahara nous offre l'infinie variété des jeux du monde minéral !

Patine mangano-ferrugineuse en voie de desquamation sur une paroi de grès. L'aridité actuelle ralentit sa formation. Station rupestre de Hadjrat Mokhotma, Atlas.

« Tout est intéressant, tout est utile. Mais à condition d'être exact, correctement observé, vrai, et ce n'est pas si simple : nous savons si peu, et si mal, regarder. » On peut rapprocher cette affirmation de Théodore Monod du conseil que m'écrivait André de Cayeux, un autre grand naturaliste aux connaissances encyclopédiques : « Observez les formes, tâchez de deviner les processus. Vos descriptions resteront. Les interprétations, vous-même les changerez, les perfectionnerez. » Cette recommandation peut s'appliquer également à la recherche en archéologie, car les descriptions les plus précises, les documents les plus objectifs possible, sont un préalable à toute tentative d'interprétation.

Animal et personnages mythiques. Abri de Ti-n-Abotéka, Tassili-n-Ajjer.

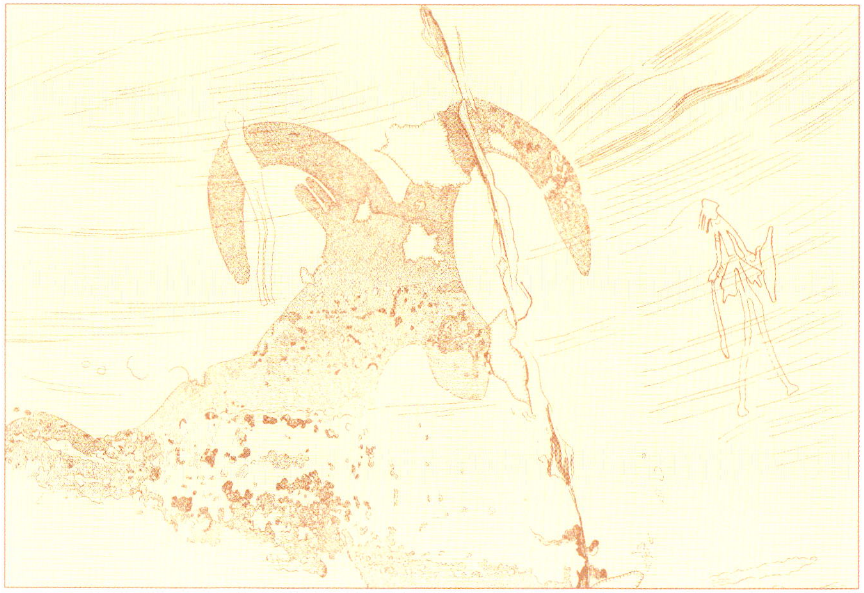

Grand mouflon rouge, ectoplasme blanc et personnage filiforme au trait rouge. Séfar.

Quels effets les formes imagées, déroulées sur les parois, de ces animaux et de ces anthropomorphes, pouvaient-elles produire sur les hommes du Néolithique ? Devant ces peintures, pendant leur exécution ou après, quelles sont les idées, les forces qui pouvaient surgir dans l'esprit des spectateurs, initiés ou profanes ? On ne le saura sans doute jamais, pas plus qu'on ne connaîtra la nature du pouvoir qu'elles pouvaient exercer. À l'évidence, toutefois, ces images étaient chargées de sens pour ceux qui les créèrent comme pour ceux à qui elles étaient destinées. En d'autres temps, ces « fresques spirituelles » avaient probablement fonction de média. Elles révélaient aux yeux des mortels un monde entre les réalités intelligibles et ce qui est occulte.

Ces petites antilopes à Séfar sont peut-être des gazelles dorcas. Elles datent de la période pastorale ; leur représentation oscille entre naturalisme et stylisation.

A côté de ces frêles antilopes au ventre blanc, dessinées avec un joli naturalisme à Séfar, combien d'animaux réels ou métaphoriques, ennemis ou alliés, accompagnés d'êtres qui n'ont jamais existé ? À Ti-n-Abotéka, dans quel récit mythique intervenait cet étrange animal rouge ? Quel rôle jouait, dans cette histoire, le grand être clair situé devant lui ? Quelle métaphore d'esprit auxiliaire masque ce gigantesque mouflon rouge, précédé d'un chaman parodique, filiforme, portant tambour et gourdin ? On ne peut regarder ces ensembles picturaux sans y percevoir la dimension prépondérante du rêve. L'apparence onirique de ces images peut-elle correspondre à une révélation du monde des dieux ou des âmes sur la paroi ?

Élégant archer au bonnet et au pagne blancs, Jabbaren.

Scène bovidienne de la période pastorale, Jabbaren.

Pendant l'« Humide néolithique » qui a pu durer trois à quatre millénaires, les pasteurs « bovidiens » du Sahara pratiquaient-ils la transhumance à petite ou moyenne distance (moins de cent kilomètres) ou bien, bénéficiant d'un renouvellement suffisant des pâturages, vivaient-ils dans une sédentarité relative, à l'intérieur de leur territoire ? On dispose actuellement de nombreux travaux de recherche documentés et érudits. Ces études portent sur tous les aspects des époques où des sociétés sahariennes aux riches cultures ont connu la prospérité économique. En dépit de ces apports à la connaissance de leur milieu naturel et de leur vie matérielle, on s'interrogera longtemps encore sur l'appartenance ethnoculturelle de ces peuples, sur leur psychologie, leurs préoccupations, leur sensibilité, sur la dynamique spirituelle de ces sociétés qui ont laissé tant de chefs-d'œuvre sur les roches.

Jabbaren est l'un des sites les plus étonnants du Tassili ; « […] plus de cinq mille sujets peints dans un quadrilatère mesurant à peine six cents mètres de côté ! », s'enthousiasmait Henri Lhote en 1956. Dominant une large dépression de terrain, il s'agit d'un ensemble ruiniforme de blocs cyclopéens, de chandelles émoussées, de lourdes coupoles en grès recouvertes d'une patine à laquelle l'érosion a donné l'aspect d'une peau d'éléphant. Grâce aux formes du relief et aux impressions qu'on éprouve en circulant dans cette « ville », on retrouve l'atmosphère de mystère et la sacralité du plateau des Ajjer. Au détour d'une ruelle rocheuse, dans la partie la plus creuse d'un large abri, on reste bouche bée devant une scène de la période pastorale. Ses dimensions sont modestes, les sujets ne dépassant guère trente centimètres de hauteur… Mais quel dessin ! Quel mouvement ! Quelle élégance chez ces personnages – tous des hommes – répartis en deux groupes, de part et d'autre de bovidés massifs ! Et quelle allure dans cet archer, seul sur la paroi, à quelques

Délié des corps et grande élégance caractérisent ces personnages dynamiques de la période pastorale néolithique, à Jabbaren.

mètres à droite ! Il n'est pas étonnant que ces images aient tant de fois déjà servi, comme logos, comme couvertures de livres, dans la presse. L'art échappe à toute définition et pourtant il faut bien que nous nous en fassions une idée pour identifier comme « œuvres d'art » certains objets. Ici, devant ces peintures, sans rechercher autre chose ou vouloir « expliquer », on peut simplement s'interroger sur le concept d'esthétique (mot qui n'apparaît en français qu'en 1750 et qui vient du grec *aisthèsis* signifiant la sensation, l'appréhension du sensible au sens large). Si le beau est relatif à l'effet qu'il produit, à la sensation de plaisir qu'il procure, alors à coup sûr les peintures de Jabbaren sont des œuvres d'art.

Cercles de pierres de fonction inconnue et camp de base ayant permis en mars-avril 1987 d'importantes et multiples découvertes d'archéologie préhistorique, paléolac de Oua-n-Rechla, tassili Oua-n-Ahaggar.

Crâne décalotté par l'érosion éolienne et squelette d'un bras plié, en bordure du paléolac de Oua-n-Rechla, tassili Oua-n-Ahaggar.

Mars 1988. Les 4x4 avancent, direction sud-sud-ouest. Nous suivons le cours principal de l'oued Ti-n-Amzi, roulant sur le reg de la terrasse quand les passages dans le thalweg deviennent trop mous ou encombrés de tamaris. Loin devant, le nuage de poussière de la voiture de tête se disperse. Elle s'est arrêtée. Panne ? Crevaison ? Non, un magnifique plat ovale en grès fin, avec un petit rondin de broyage abandonné en son milieu. Depuis combien de temps cette belle meule mobilière n'a-t-elle plus servi à moudre le mil, le blé ou l'orge sauvages ? Pourquoi se trouve-t-elle là, fragmentée, sur le sable, au milieu du reg ? Une chose est sûre : un groupe de Néolithiques, une famille peut-être, a utilisé cet objet pour préparer ses repas. Plus tard,

Indices d'une occupation humaine importante pendant l'« Humide néolithique », nombreux sont les objets archéologiques qui gisent çà et là au Sahara. Meule mobilière et son broyeur, tassili de Ti-n-Reroh.

au sud du paléolac, simplement marqué par un bourrelet argileux, un curieux cercle affleure, à peine visible parmi les cailloutis sombres et le sable ocre : je souffle sur le sable, je frotte délicatement l'argile grise, j'en décape quelques centimètres… Un crâne humain apparaît, posé à plat sur le sédiment, séparé de sa colonne vertébrale. Un humérus gît à côté. Quelle trouvaille ! Il faut que des spécialistes viennent exhumer, étudier et dater ces restes. Je les recouvre soigneusement et replace les pierres que j'ai écartées. L'année suivante, ces fossiles avaient disparu ! Comment faire, au Sahara, où la vie passée se manifeste partout à la surface du sol, pour recueillir et conserver des informations fondamentales ?

Bivouac dans le secteur Ébérère, nouvelle zone d'exploration des tassilis du nord.

En décembre 1993, guidé par Mohamed et son équipe de Tamanrasset, un groupe venu de France et composé de passionnés du Sahara a effectué une première : l'exploration rupestre d'une partie de la bordure des tassilis du nord. Cinq Touaregs et cinq visiteurs y prirent part. Les conditions furent assez rudes. En hiver, au nord du Hoggar où l'altitude moyenne est encore élevée, le froid peut être très vif. Régulièrement, le matin, en sortant de la tente couverte de givre, il fallait faire fondre l'eau gelée des *guerba* et des gourdes… Mais, au retour, un incomparable trésor m'a été confié par Hélène, Bernadette et Hervé : l'expédition rapportait la couverture photographique complète des parois d'une cavité d'érosion dont les surfaces

La fameuse Garet el Djenoun, « Montagne des génies », au nord de la Téfédest, Hoggar.

sont ornées d'au moins deux cent soixante peintures ! La plus grande concentration picturale du Sahara avait été découverte… Avant d'arriver à cette caverne d'Ali Baba de l'art saharien, le raid avait longé la Garet el Djenoun, cette montagne envahie de légendes, peuplée des *kel essouf*, ces génies démoniaques qui causent mille tourments au voyageur isolé lorsqu'il y parvient. Son approche et son ascension restent longues et difficiles. cependant, aux dires de ceux, peu nombreux, qui en ont vaincu les couloirs, les cheminées, les dièdres et les surplombs, quelle splendeur au sommet, à 1 400 mètres ! Roger Frison-Roche, en 1953, en a fait le décor dramatique et intense de sa captivante *Montagne aux écritures.*

Dans l'Adrar Ahellakane, l'approche du grand abri Ébérère est difficile en véhicule tout-terrain, tant le relief est tourmenté. Tassilis du nord.

L'accès au plateau tassilien du nord met la mécanique automobile à rude épreuve. Aucune piste, les passages sont difficiles à repérer dans l'inextricable enchevêtrement des blocs éboulés, des rebords rocheux incertains, des abrupts soudains et infranchissables, des fortes et dangereuses pentes aux cailloutis instables que les roues arrachent sans pouvoir accrocher le terrain… Enfin, au fond d'une échappée, apparaît la béance claire du grand abri, comme une monstrueuse gueule ouverte au bas d'un donjon massif de grès ruiné… Les Touaregs appelant « Eberer » ce secteur, c'est le nom qu'on a donné à la cavité. Sans qu'on puisse affirmer avoir relevé toutes les peintures qu'elle contient, deux cent soixante-trois sujets ont été

Détail des peintures du grand abri Ébérère montrant la superposition de deux époques, archaïque et protohistorique.

recensés. À lui seul, ce nombre indique une longue durée d'utilisation. De fait, l'analyse des œuvres et des styles, ainsi que l'étude des superpositions révèlent que sa première occupation pourrait remonter au Néolithique ancien, avec des figures apparentées aux fameuses « Têtes rondes » du Tassili central. Ces peintures archaïques, aux pigments estompés, sont recouvertes par de nombreuses et belles scènes de la période pastorale qui nous plongent dans l'ambiance, bien connue ailleurs, de la vie des bergers « bovidiens ». Disséminées sur toute l'étendue de la paroi, des peintures paléoberbères sont également visibles, magnifiques de naturalisme et de vérité, notamment dans huit scènes de chasse au mouflon.

Courre au mouflon avec des chiens…

… et scène pastorale, grand abri Ébérère, tassilis du nord.

À peine la voiture arrêtée au pied de la dune derrière laquelle se trouve l'abri, repéré de loin à la jumelle comme souvent, je jaillis, bâton à la main, sacoche de terrain à l'épaule, et je gravis difficilement la pente de sable mou – un pas en avant, glissade de deux en arrière. Une demi-heure plus tard, bredouille cette fois (l'abri n'était pas orné), mais tout de même lesté de plusieurs échantillons géologiques, je redescends la dune. Près de la voiture, Idhal, le chauffeur, accroupi, joue de la flûte de berger, pour lui seul. Calme spectacle, pure sonorité, et tellement en harmonie avec le cadre. Je perçois alors un contraste de nature et de culture : l'activité et le temps compté d'un chercheur aux intérêts multiples,

Idhal, le chauffeur, se délasse en jouant de la flûte. Wadi Imreka, Akakus.

et cette façon si spontanée et tranquille de remplir le temps. La belle sentence rapportée par Moussa ag Amastane, aménokal des Kel Ahaggar, me revient : « La flûte de roseau ne chante jamais aussi bien que dans la solitude de l'espace où seul le silence l'écoute. Homme, il faut savoir te taire, comme le silence, pour écouter le chant de l'espace. » Parmi beaucoup d'autres, on voit dans le grand abri Ébérère deux scènes peintes, l'une au temps des bergers du Néolithique, l'autre pendant la période protohistorique des paléoberbères, ancêtres des Touaregs. Deux cultures, deux modes de vie, deux façons différentes de concevoir le déroulement du temps et d'en utiliser les ressources.

Orgues basaltiques, massif de l'Atakor, cœur volcanique du Hoggar.

Près de Tamanrasset, un dôme surgit là-bas, au-delà de l'oued, lourde masse en ogive. De fins éboulis entourent sa base. Il est isolé, émergeant des croupes de granite. Au quaternaire, il y a trois ou quatre millions d'années, une colonne de laves visqueuses venant du magma est montée, profitant des fissures dans le socle rigide qui avait subi un bombement, au centre du Hoggar. En se refroidissant, ces laves sont devenues des phonolithes, des roches assez claires et verdâtres qui se cassent en dalles sonores sous le marteau. Leurs cristaux plus ou moins gros renseignent sur la vitesse du refroidissement. En redescendant de l'Assekrem, le cœur volcanique du Hoggar, où le père Charles de Foucauld s'isolait, la piste croise une ancienne

Seule subsiste ici la cheminée phonolithique d'un appareil volcanique en grande partie détruit par l'érosion. Atakor, Hoggar.

coulée, des laves fluides cette fois, des basaltes, roches sombres presque noires sous leur patine claire. Ici, dans l'Atakor, le magma a jailli de très anciens volcans, il y a seize à vingt millions d'années. Il s'est largement étalé. Son refroidissement rapide n'a pas permis aux cristaux de se former, ou seulement en faibles quantités. Là-haut, sous la lumière crue, les colonnes prismatiques de la coulée paraissent pourtant vouloir rester solidaires, campées sur leur base, même si quelques-unes donnent des signes de désordre. Combien de temps, combien de milliers, de millions d'années a-t-il fallu pour aboutir à cette formidable accumulation des morceaux éboulés de ce qui fut une belle langue de lave incandescente ?

Grand tumulus préislamique dans l'oued Tamanrasset.

La gorge d'Essendilène est déjà loin derrière nous, abandonnée à ses ombres et à son mystère. Les voitures roulent vite sur le reg fin, parfaitement plan, qui borde l'Adrar Adjelha. Trop proches de son flanc sud et avec le soleil de face, nous n'avons pas pu repérer sur le versant, dans le manteau des éboulis, l'imposante structure de pierres. Elle apparaît soudain. C'est un tumulus entouré de deux larges enceintes de blocs disposées en demi-cercles. Devant, presque au pied de la pente, nous apercevons deux tombes, plus petites, à forme tronconique aplatie. Constructions élaborées qui reflètent des conceptions métaphysiques complexes ou simples accumulations ordonnées de blocs, les monuments funéraires sahariens

Grand tumulus à structure complexe sur le flanc de l'Adrar Adjelha, entre Essendilène et Tikobaouine, en bordure du Tassili-n-Ajjer.

sont nombreux. On les rencontre partout, en plaine comme en montagne, en bordure des forêts de pierre comme au fond des oueds. Les plus anciennes de ces architectures préislamiques ont été réalisées vers 2000 av. J.-C. Les plus récentes sont contemporaines des premières inhumations musulmanes. Dès 4300 et jusque vers 3200 av. J.-C., des monuments néolithiques apparaissent cependant au Tassili, peut-être réalisés par les pasteurs « bovidiens ». Ce serait le cas du grand tumulus de l'Adrar Adjelha. Les paysages dans lesquels elles s'inscrivent et, souvent, leurs formes et leurs dimensions rendent spectaculaires ces structures funéraires préhistoriques ou préislamiques (paléoberbères) en pierres sèches.

Croyances et cultes en pays touareg.

Il n'est pas une randonnée dans le Sahara qui ne fasse croiser l'une de ces remarquables constructions communément dénommées « tumulus », simple alignement de blocs arrangés en cercle ou bien accumulation complexe de pierres sèches aux formes et structures variées. Malgré les difficultés de leur datation, ces multiples monuments éparpillés dans le désert indiquent d'abord la vaste diffusion des groupes « libyques » paléoberbères, probablement à partir du IIe millénaire av. J.-C. et jusqu'à la conquête arabe, au VIIe siècle ap. J.-C. Ensuite, leur fonction funéraire ne fait aucun doute. Plus globalement, on pourrait l'élargir à un ancien ensemble de croyances, de superstitions et de rituels de la mort et de la vie. De nos jours, en effet, chez les Touaregs, certaines pratiques survivent, sous-jacentes à l'islam, qui pourraient les rattacher à des origines au moins protohistoriques, peut-être antérieures. Ainsi, une femme qui veut avoir des nouvelles de l'un des siens pourra aller, le soir, revêtue de ses plus beaux atours, dormir au sommet d'un tombeau préislamique. Là, dans ses rêves, elle communiquera avec l'âme de celui qui est inhumé et qui lui livrera les informations souhaitées. Même si elle tend à disparaître, cette pratique divinatoire, appelée *edebni*, terme générique qui désigne ces sépultures préhistoriques, participe d'autres procédés, toujours mis en œuvre par les femmes, à l'écart du campement. Sous diverses formes, des traditions païennes se perpétuent : jeux divinatoires, culte et adoration de pierres, de montagnes, de sources, d'arbres réputés habités par des génies, port d'amulettes, interdits, etc.

Il est clair qu'un fond animiste accompagne le quotidien et l'imaginaire des Touaregs. L'islam, doté d'institutions essentiellement citadines, n'a jamais été une religion du désert. Rien d'étonnant alors que les Bédouins d'Arabie, comme les Touaregs du Sahara et du Sahel aient conservé leurs croyances, superstitions et pratiques d'origine. Certes, les Touaregs ont adopté le Coran, livre religieux et guide de la foi, mais ils n'en ont guère suivi les préceptes temporels, c'est-à-dire les codes et les règles de la société civile qui sont les piliers de la communauté musulmane. Ils n'ont pas sacrifié à la nouvelle religion leurs mœurs, leur langue, leurs usages, ni leur ancien droit coutumier, émanation des lois imposées par le milieu naturel. Cela n'empêche nullement la foi profonde et le respect des rituels fondamentaux comme la prière ou le jeûne du ramadan. D'ailleurs, mosquées rudimentaires en plein air et tombes aux deux pierres levées jalonnent le désert et côtoient les anciens vestiges religieux.

Mosquée en plein air, au pied du pic Illamane, massif de l'Atakor, au bord de la piste de Tamanrasset.

En terre d'islam, la mort n'est jamais cachée non plus qu'ostentatoire. Présente dans la vie de tous les jours, parfois en proche voisine, elle est acceptée avec sérénité. Dans le désert, solitaires ou rassemblées en petit nombre, le cercle familial par exemple, les tombes musulmanes sont toujours émouvantes, jamais tristes : la terre – la roche – a simplement repris ceux qui l'ont parcourue librement, acceptant son âpreté, découvrant parfois ses douceurs. Blocs de grès au Tassili, de granite au Hoggar, de laves volcaniques dans l'Atakor, l'harmonie du paysage est intacte et les sépultures lui appartiennent, construites avec les infimes parcelles qu'on lui a empruntées. Exceptionnellement, quelques tombes un peu plus grandes,

Tombe musulmane dans le secteur tassilien d'Adafar, région de l'Ahnet, nord-ouest du Hoggar.

un peu plus hautes, bornées de pierres plus élevées, perpétuent le souvenir d'un personnage important. La roche en fait l'égal de tous les autres dans la mort. Dans la plaine de l'Adafar, où les gazelles sont encore si nombreuses, où, dans les dédales rocheux, sur les pentes et sur les vires, gîtent les mouflons si farouches, le chasseur est mort. Sa tombe marque une étape dans la vie des autres. Face au pic Illamane se dressent des colonnes de basalte. Un homme, une femme, des enfants, un saint gisent là, dans un néant vertical. Lieu de pèlerinage ou simple halte pour le gardien de chèvres, le minéral humanisé conserve ici la mémoire d'existences brèves dans une nature infiniment durable.

À l'entrée de la vallée de l'oued Tarit, dans l'Ahnet, sur un rocher, un guesh (bagage) en attente.

Suspendue au-dessus de l'horizon, la minuscule masse noire se rapproche. Au loin, elle semble flotter sur la vibration de lumière et de chaleur, perdue au milieu de la plaine… Nous y sommes. Il a fallu du temps pour la rejoindre ; tout est éloigné dans le désert. C'est une grosse butte de grès, à profil de trapèze. Un oued élargi la contourne, parsemé de belles touffes vertes et piqué de troncs d'acacias. Comme souvent, l'après-midi, nous ramassons du bois pour le bivouac, ce qu'il faut, pas plus. Ainsi que l'eau, le combustible est rare. Il ne peut plus se renouveler. Dans l'Ahnet, l'oued Tarit a entaillé la montagne. À son débouché dans la plaine, quantité de gravures sur les rochers prouvent qu'il est fréquenté de

Halte pour le ravitaillement en bois, dans le secteur de Oua-n-Rechla. Tassili Oua-n-Ahaggar.

longue date. Sur un gros bloc, à l'abri de ce qui rampe, grouille et grignote, un *guesh* attend son propriétaire, quand les dromadaires pourront revenir. Un simple bagage ficelé dans une toile, une pierre par-dessus, bien en vue, comme les *redjem*, ces petites pyramides de cailloux qui balisent les pistes. Frugalité. Sur la terre sans limites du désert, c'est un art de vivre, avec beaucoup en soi et très peu sur soi. Pour plusieurs d'entre nous, lassés du superflu, vivre quelques jours ou quelques semaines dans le Sahara, c'est rechercher l'utile et l'authentique dans la simplification. Pour les Touaregs, c'est tout à la fois préserver une nécessaire liberté d'être et espérer, faute de mieux, une vie moins rude.

NIGER

« L'essentiel de la caravane, tu le découvres quand elle se consume. Oublie le vain bruit des paroles et vois : si le précipice s'oppose à sa marche, elle contourne le précipice, si le roc se dresse, elle l'évite, si le sable est trop fin, elle cherche ailleurs un sable dur, mais toujours elle reprend la même direction. Si le sel d'une saline craque sous le poids de ses fardeaux, tu la vois qui s'agite, désembourbe ses bêtes, tâtonne pour trouver une assise solide, mais bientôt rentre en ordre, une fois de plus, dans sa direction primitive. [...] La caravane se meut ainsi nécessairement dans une direction qui la domine, elle est pierre pesante sur une pente invisible. »

Antoine de Saint-Exupéry
Citadelle, 1944

*Rhinocéros gravés
en haut du « sous-marin »,
énorme amas rocheux du centre
de l'eneri (oued) Blaka au Djado.*

Techniques des gravures.

Tout en renseignant sur une faune à présent disparue de cette région, les gravures rupestres du Sahara fournissent également, à qui sait les observer, des indications techniques sur les étapes de leur fabrication. Seule une suite logique d'actions et de gestes rigoureusement enchaînés permet d'aboutir à l'œuvre, de la plus imposante à la moins manifeste, de la pyramide au cartouche hiéroglyphique sur le mur de la chambre mortuaire, des grands tumulus à flanc de montagne aux petits motifs gravés anonymes, parmi les blocs d'un versant. Pour obtenir le résultat voulu, le graveur sur pierre doit se soumettre aux contraintes propres à la matière qu'il travaille : sa cohérence, sa dureté, sa granularité. De tout temps, dès l'exécution des signes vulvaires dans les grottes paléolithiques, jusqu'aux chefs-d'œuvre des compagnons du Devoir, l'outil à graver doit être choisi, adapté au support. Selon la résistance mécanique des surfaces rocheuses qui ont été utilisées au Sahara, grès calcaires tendres ou siliceux durs, quartzites réputés inattaquables, phonolithes, basaltes ou granites diversement cristallisés, il faut choisir la matière de l'outil qui pourra laisser une trace en creux. Les éclats ou les galets de roche, percuteurs, pointes, grattoirs, égrisoirs, sont en calcaire métamorphique, en silex, en quartz, en quartzite... Mais on peut penser que des matériaux plus périssables comme le bois ou l'os ont pu aussi être utilisés, en particulier pour les gravures sur grès.

Toute gravure rupestre comporte quatre éléments. Le fond d'abord, c'est-à-dire la paroi rocheuse brute telle que l'artiste la trouve, ou bien après qu'il l'a préparée, aménagée ou égalisée par frottage, raclage ou égrisage. Le trait, ensuite, est l'élément fondamental de la création qui traduit le message voulu par son auteur, figuratif ou abstrait. C'est cet élément qui peut fournir le plus grand nombre d'informations sur les technostyles de l'art et, grâce à la patine, sur l'âge relatif des œuvres gravées. Le trait définitif devait être précédé d'une esquisse finement incisée puis « fixée », soit en repassant ce premier trait plusieurs fois pour l'approfondir, soit en effectuant une série de piquages le long de l'esquisse. L'exécution du trait définitif, sa forme, sa profondeur, son fini, peuvent avoir des aspects variés : martelé, bouchardé, piqué (plutôt que « piqueté »), frotté ou poli, en incision fine, superficielle, en U ou en V plus ou moins profond, etc. Généralement, l'étude du sujet, animalier, humain, symbolique, est plutôt du ressort du préhistorien de l'art, moins du technicien. En réalité, l'un et l'autre devraient étroitement collaborer, ce qui n'est pas encore souvent le cas. La surface, enfin, c'est-à-dire l'aire délimitée par le trait. Sur le plan artistique, elle joue un grand rôle et donne des indications stylistiques. Sans préparation, elle reste naturelle ; elle peut aussi être à « pseudo bas-relief » ou « bas-relief inversé ». Ainsi, chacune des grandes périodes de l'art gravé du Sahara a pu être caractérisée par un ensemble de techniques qui, associées aux thèmes et aux sujets traités par les artistes, ont contribué à l'établissement de sa chronologie générale.

Personnage paléoberbère dans le kori (oued) Tagueï, massif du Takolokouzet, Aïr oriental.

Des populations de l'âge des métaux ont séjourné assez longtemps au nord-est de l'Aïr, dans le Niger actuel, il y a plus d'un millénaire avant notre ère. Avec bovins, chevaux, armes et bagages, ils vivaient à la lisière de la montagne, là où les vallées débouchent dans l'immense mer de sable du Ténéré. Partout sur les versants, presque sur chaque bloc parfois, ils ont laissé des gravures, d'une facture originale, propre à la région. Sous des formes stylisées, l'art naturaliste de ces ancêtres libyco-berbères exprime leur quotidien et aussi l'essentiel de leurs préoccupations spirituelles. On y voit des pasteurs de bovins, habillés de tuniques décorées, serrées à la taille, et avec de volumineuses coiffures sur la tête, des scènes de chasse ou de

Au nord-est de l'Aïr, le kori Tanakom débouche dans le Ténéré. Ses versants sont formés d'accumulations de blocs qui portent d'abondantes gravures néolithiques et protohistoriques.

capture de girafes, des chars, des cavaliers, des archers, des porteurs de lance. Partout, dans le Sahara central, on sait que des éleveurs nomades ont occupé les massifs rocheux, à la fois refuges et terres de transhumance. Un ou deux millénaires avant notre ère, ils ont entretenu des relations avec les premiers occupants de l'Aïr, éleveurs de bovins, comme ceux de l'Adrar des Iforas, au Mali. Plus tard, une société aristocratique d'éleveurs de chevaux et de dromadaires s'est installée au sud, en provenance du nord du Sahara. Les porteurs de lance du Takolokouzet, qui ont laissé de belles gravures dans les *kori* Tanakom et Tagueï, sont ces fameux « guerriers libyens », ancêtres probables des Touaregs.

Gravure d'un éléphant chargeant un chasseur, Ti-n-Merzouga, Tassili-n-Ajjer oriental.

Isolée sur la face d'un gros bloc, la gravure naturaliste d'un éléphant, tassili de Ti-n-Reroh.

Gravure d'un petit personnage visiblement terrorisé par un éléphant démesuré prêt à charger. Oua-n-Rechla, tassili Oua-n-Ahaggar.

En dépit d'une oscillation aride de près d'un millénaire, la grande phase humide du « Sahara vert » a duré environ cinq mille ans, à partir de 8000 ou 9000 ans avant notre ère. Dans des conditions écoclimatiques alors globalement favorables, les grands herbivores de la faune sauvage étaient naturellement répartis selon leurs besoins alimentaires et territoriaux, comme actuellement en Afrique tropicale. Il n'est donc pas étonnant, par exemple, de trouver d'importantes proportions d'éléphants gravés là où les artistes-chasseurs du Néolithique les rencontraient. Ainsi, ces gravures, très belles et d'une grande vérité naturaliste, se trouvent souvent en périphérie de tassilis où les reliefs ruiniformes font progressivement place

L'eneri Blaka s'enfonce dans le plateau du Djado, au-delà du Ténéré. Au lieu-dit Arkana, le sommet plat d'une butte rocheuse est couvert de gravures fines, variées, faites par des chasseurs néolithiques.

à la plaine, une ancienne « savane à éléphants ». Dans la zone centrale du tassili de Ti-n-Reroh, explorée en 1990, un site riche en gravures a été nommé *Ihenan n'mehouar*, le « camp des anciens ». Dans différents styles, les éléphants y sont nombreux et laissent penser qu'ils ne jouaient pas seulement un rôle alimentaire dans l'esprit du groupe qui les a représentés. Comme d'autres, ces espèces du bestiaire saharien doivent être interprétées selon une double grille de lecture, naturaliste et culturelle. Face à l'éléphant, l'homme paraît minuscule, et il est figuré en train de s'enfuir, terrorisé. Il est représenté dans la juste idée qu'il se faisait alors de sa place dans le monde animal, une idée qu'il a malheureusement oubliée.

Dans le kori Tanakom, sur la face verticale d'un bloc fracturé, un bel ensemble gravé de girafes ponctuées.

Gravures de girafes aux robes plus ou moins imaginaires et personnage à grille « entoptique », dans le kori Tagueï.

L'ours, nounours en peluche, parfois supplanté par le panda de même matière, continue plus que jamais d'endormir des générations d'enfants. Le lion règne sur la finance, le crocodile sur les textiles… emblèmes publicitaires chargés d'exciter des fantasmes de douceur, de puissance, de compétition. Il n'est pas étonnant alors que l'animal le plus étrange de la Création, la girafe, ait autant inspiré les peintres et les graveurs préhistoriques du Sahara. Et que ces créatures de deux à six mètres de haut stimulent toujours notre inconscient collectif comme notre imaginaire individuel. Peintes, gravées, quelquefois détourées à la façon des bas-reliefs, les girafes rupestres animent de nombreuses régions sahariennes. Certains sites même, dans l'Aïr par exemple, en comptent d'importantes concentrations gravées. Cela peut traduire leur présence en nombre dans le secteur et le fait qu'elles étaient aussi « bonnes à manger » que « bonnes à penser ». Plus que pour les zèbres, on observe chez la girafe actuelle, si on la considère dans le détail, une grande variabilité géographique et individuelle du dessin de la robe, un peu comme les empreintes digitales. Sa couleur fondamentale est blanc jaunâtre à brun, avec des taches jaune pâle à brun noir. Des sujets peuvent être blancs, noirs ou sans tache. Par divers artifices techniques, quadrillages de traits incisés, cupules piquées, martelées ou polies, les graveurs en ont rendu principalement trois sous-espèces : deux de girafe réticulée *(Giraffa camelopardalis reticulata* et *Giraffa c. rothschildi)* et une de girafe ponctuée *(Giraffa c. tippelskirchi).* Les peintures, en revanche, sont souvent d'une grande précision anatomique. Comment expliquer alors d'étonnantes fantaisies, totalement étrangères à la réalité du dessin des robes, comme les lignes contournées, par exemple sur une paroi du *kori* Tagueï ? Entre les pattes d'une girafe, le corps d'un anthropomorphe ovale est rempli d'un quadrillage. Il pourrait faire penser au dessin de la robe réticulée de cet animal.

Encadré par des personnages sommairement piqués, cet ensemble de girafes réticulées soigneusement gravées dans le kori Tagueï traduit la fascination exercée par ces animaux pendant la préhistoire du Sahara.

Non loin, sur une autre paroi, une girafe réticulée a été placée entre deux motifs gravés qui ressemblent à des grilles. Doit-on voir là une correspondance ou une association d'idées entre le pelage quadrillé et une grille entoptique, l'une des visions qui se produisent pendant un stade de la transe ? Dans ce cas, on pourrait déduire de l'association rupestre grille/girafe réticulée l'évocation d'un animal-esprit, dans la pratique du chamanisme. Il ne serait pas déraisonnable de penser que la société paléoberbère des « guerriers libyens », à laquelle appartenaient les auteurs de ces gravures, avait des croyances animistes. Chez leurs descendants, les Touaregs actuels, un fonds de croyances semblables subsiste sous l'islam.

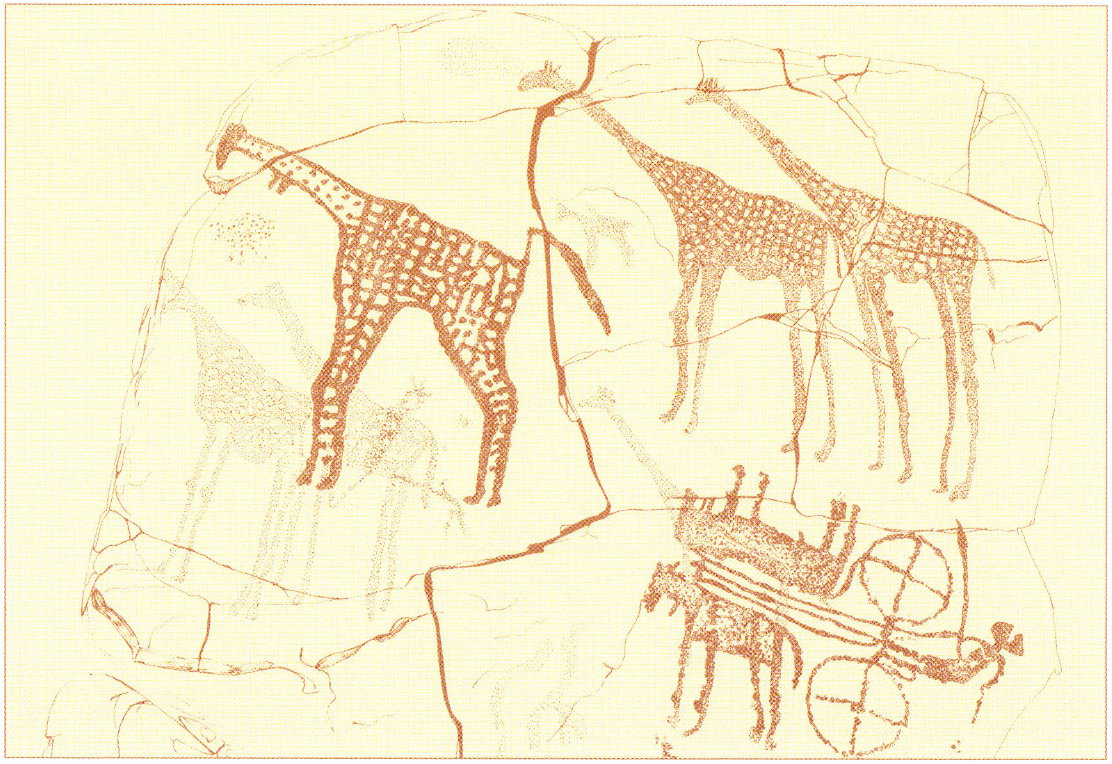

Scène gravée d'une chasse aux girafes, ou de leur capture au char et à la lance. Kori Tagueï.

La girafe avait disparu d'Égypte vers 2500 ans avant notre ère, à cause de la sécheresse. Les antiques traditions d'échange et de commerce de ce pays avec ceux du sud permirent cependant sa réintroduction. Bien plus tard, elle voyagea jusqu'en Europe. En 1829, une girafe débarquait sur le port de Marseille, cadeau du vice-roi d'Égypte, le pacha Méhémet-Ali, au roi de France, Charles X. Vêtue d'une cape imperméable avec capuchon, ses pattes étant lacées de sandales en cuir souple, elle marcha jusqu'à Paris, eut beaucoup de succès et mourut dix-huit ans plus tard au Jardin des Plantes où, promenée par Atir, son serviteur noir qui la tenait par une cordelette, elle avait coulé des jours paisibles… Maintes représentations

Archer touchant le cou d'une petite girafe (ou d'un girafon), gravure qui évoque peut-être la capture pour tenter l'apprivoisement et l'élevage. Kori Tagueï.

de la girafe tantôt poursuivie avec des chars et chassée à la lance, tantôt si proche de l'homme qu'on la croirait apprivoisée, confirment sur les rochers du Sahara l'intérêt et même l'attachement qu'on lui a portés dès la fin du Néolithique. Il est vrai que cette bête paisible, abondante réserve de nourriture, fut de tout temps une proie facile. Elle reste convoitée, moins pour sa viande que pour les crins de sa queue dont on fait des bracelets ! Dans l'Aïr nord-oriental, sur l'un des blocs gravés du *kori* Tagueï, véritable « vallée des girafes », un grand archer tient par le cou un spécimen beaucoup plus petit que lui. Peut-être s'agit-il d'une très ancienne coutume qui s'est perpétuée jusqu'au XXe siècle, celle de capturer des girafons pour les élever.

Moulés avec de l'argile, les pains de sel de forme tronconique sèchent et durcissent au soleil sur une place à Fachi, avant leur préparation pour la caravane.

Le raidillon n'est pas facile : cailloux qui roulent sous les semelles, argile grise pulvérulente ; atmosphère blanchâtre dans la chaleur de midi. Le souvenir d'efforts et de sensations semblables me revient : la pente du Vésuve, vers le cratère. Brusquement, passé le bourrelet du sommet, le spectacle surgit, saisissant. Rayonnant depuis le centre, les bassins de décantation luisent au fond de la cuvette avec leurs surfaces diversement oxydées en jaune, en brun, en gris et en blanc. Ils sont alignés, séparés par des levées de boue séchée, brillante de sel. En bas, sur les bords du large entonnoir, là où les croûtes d'évaporation sont épaisses, des tas coniques, éclatants de blancheur, finissent de sécher. Panier après panier,

Depuis le sommet de l'entonnoir creusé dans la nappe saline, la surface des bassins de décantation prend des couleurs variées. Fachi, région du Kaouar.

le sel pur sera bientôt remonté, mélangé à de l'argile, façonné en pains, bien rangés en attente de leur préparation pour la longue traversée. Malgré sa difficile situation géographique, Fachi, à l'est de l'Aïr, sur l'autre rive de l'immense Ténéré, conserve ses traditions sociales et commerciales. En bordure du Kaouar, avec Bilma et Ségueddine, les salines de ce bourg perdu au milieu du néant fournissent depuis des siècles aux bêtes et aux gens cette matière vitale que l'organisme ne peut fabriquer et que la peau ne retient pas. C'est un travail harassant que l'extraction et la préparation du sel. Il n'est pas loin d'une pratique abolie et dont on évite d'employer le nom : l'esclavage.

Une fois emballés dans des nattes, les pains de sel seront chargés sur les dromadaires.
D'autres bêtes de bât porteront le fourrage, indispensable pendant la longue traversée du Ténéré.

Octobre 1991. L'air est chargé de poussière, plus par le piétinement des animaux que par le vent, faible aujourd'hui. Depuis ce matin, sur la place, s'entrecroisent les blatèrements et les gargouillements rauques des dromadaires, les braiments discordants des ânes, les brèves interpellations des hommes. Des enfants courent au milieu des bottes de fourrage, parmi les piles de nattes et les cordes éparpillées. La caravane s'ébranlera dans l'après-midi. Chaque pain de sel est emballé dans une natte et habilement ficelé. Un Touareg à qui je demande si je peux essayer de le faire s'amuse beaucoup de me voir si gauche. Je casse le lien. Honte sur moi ! Sourire indulgent et railleur de celui dont j'ai interrompu le travail. Les bêtes de bât

L'empaquetage dans des nattes des pains de sel pesant une trentaine de kilos chacun requiert savoir-faire, dextérité et rapidité. Fachi, région du Kaouar.

sont amenées en petit nombre. On les charge : soixante à quatre-vingts kilos par animal, deux ou quatre pains de sel. Sur leurs flancs, des plaies ne sont pas encore cicatrisées : le sel ronge, transperce tout. Quelques heures auparavant, on aurait pu croire que la formation de la caravane serait infiniment longue, tant, sur le sol, l'encombrement, la dispersion, le fouillis paraissaient grands… Ils sont enfin là, pourtant, tous bâtés, debout, immobiles, attendant de prendre leur place dans la longue file qui tout à l'heure va s'étirer sur les ondulations de sable. Les négociants arrêtent les ultimes conditions de l'échange. L'*azalaï* (« caravane », en tamachek), la légendaire caravane du sel est prête. Autrefois, elle comptait jusqu'à trois mille têtes…

Arrivée à l'« arbre du Ténéré », au sud-est de l'Aïr, d'un camion en provenance de Libye.

L'azalaï, caravane du sel, entre Bilma et Agadez, Ténéré.

Durant quelque dix jours, sur le sable brûlant de la journée, dans le froid pénétrant de la nuit, l'*azalaï* progresse à travers l'erg. Plus de six cents kilomètres séparent Bilma du marché d'Agadez où le sel sera vendu pour un prix dix à quinze fois supérieur à son prix d'achat. Depuis combien de temps la piste traditionnelle du Ténéré existe-t-elle ? Peut-être depuis que le dromadaire fut introduit au Sahara, dès le IIIe siècle. Au sujet de ce *Camelus dromedarius*, le débat se poursuit : est-il ou non un survivant du quaternaire (pléistocène) dans le nord de l'Afrique ? Une chose est sûre, il était inconnu dans l'Égypte ancienne jusqu'aux dernières dynasties. Les Romains l'introduisirent en Afrique du Nord bien après sa domestication dans les déserts d'Arabie et de Syrie : ils l'utilisaient pour la protection de leurs provinces présahariennes contre les pilleurs nomades venus du sud. Ces derniers, à leur tour, l'adoptèrent et en accrurent rapidement le cheptel. Peintes ou gravées, isolées ou en nombre, les plus anciennes images rupestres de cet animal remontent donc à l'Antiquité. Dans l'un de ses récits de voyage, Hérodote, qui aurait côtoyé le chameau, raconte que le cheval en avait une peur instinctive, constatée à l'occasion des batailles. Cette indication est sans doute légendaire. Néanmoins, plusieurs scènes rupestres montrent des affrontements de cavaliers et de chameliers, accompagnées ou non d'écriture *tifinar*. Certaines parois du Sahara, par exemple au Tassili-n-Ajjer, sur le plateau de Tamrit, conservent la mémoire d'expéditions guerrières, telles les razzias des anciens Touaregs. Ces raids armés avaient coutume de surprendre un campement, de préférence à l'aube. Vivres, vêtements, bijoux étaient pillés tandis qu'un autre groupe s'emparait des dromadaires au pâturage, surtout des femelles. Depuis plus d'un siècle, ces aspects de la société touarègue n'existent plus. Des nombreuses voies commerciales transsahariennes qui sillonnaient le désert, l'*azalaï* n'est plus qu'une survivance : ce que les chameliers et leurs bêtes accomplissent en dix jours avec une admirable énergie,

Détail d'une fresque d'époque historique caméline : dromadaires et personnages armés évoquent ici une activité guerrière : la razzia. I-n-Etouami, région de Tamrit, Tassili-n-Ajjer.

les camions le font en trois… Il ne restera bientôt plus que le souvenir puissamment nostalgique de ces hommes frêles et fiers dans leurs voiles, traversant la terre pure et sans borne au lent rythme de leurs montures, peut-être en accord avec eux-mêmes, plus certainement avec cette nature irréductible. Un autre souvenir, en revanche, devrait ne plus pouvoir venir à l'esprit : celui de ces cinq hommes malingres, rencontrés au milieu de l'erg, en mars 1985, venant d'Iférouane avec leurs cinq dromadaires et allant à Djanet, soit sept cents kilomètres à pied. Leur but : vendre leurs bêtes efflanquées pour en tirer quelques ressources et revenir au pays, avec l'espoir que la sécheresse aura épargné leurs familles.

L'une des villes abandonnées…

… au pied de la falaise du plateau du Djado.

D'Agadez à Timia, en plein cœur de l'Aïr, il y a plus de deux cents kilomètres d'une piste éprouvante. Aussi, quelle halte heureuse quand, accueillis par un jardinier, nous pouvons nous délasser au bord des carrés de mil, de sorgho ou de maïs, près de la *tekarkart*, le puits à traction animale utilisé dans la région. C'est un dromadaire, ici, qui inlassablement va et vient sur le tracé en gouttière que son pas a creusé. Quel réconfort aussi, après le grand Ténéré du Tafassasset, de boire cette eau si claire, si abondante, et de se vider sans retenue la gourde sur la tête. Une semaine avant, au pied du plateau du Djado, nous ressentions la poignante solitude de Chirfa et de Djado. De ces oasis oubliées, on garde une pénible impression d'abandon,

Après la longue traversée du Ténéré, le plaisir est grand, près du puits, dans un jardin de l'Aïr, de trouver l'eau, la verdure et la fraîcheur.

de désolation, presque de malédiction. Nous y avions rencontré des Kanouris et des Toubous sédentarisés, particulièrement misérables. Aux abords de la palmeraie mourante de Djado, le silence n'est pas lumineux comme ailleurs. Il est oppressant, malsain. Au sommet de la ville en terre, l'ancien ksar est presque intact, comme récemment abandonné. Ses habitants, des Toubous chassés par le paludisme, ont trouvé refuge sur le plateau. Les cités du désert sont nombreuses : parfois ce ne sont que quelques pans desséchés de briques en terre, parfois d'imposants vestiges archéologiques ou historiques. Jamais, cependant, on n'y éprouve un trouble aussi grand, voisin de la peur, que dans la palmeraie, les ruelles ou les enclos de l'oasis de Djado.

Fresque gravée sur la grande paroi de Ti-n-Lalan...

... dans la région d'Aouis, au nord de l'Akakus.

Serrées l'une contre l'autre, les femmes forment un petit cercle. Deux d'entre elles frappent le *tindé* (tambour). Les autres accentuent le rythme par des battements de mains. La mélopée aux phrases courtes, indéfiniment répétées, continuera jusqu'au coucher du soleil. Par groupes de deux ou trois, les hommes, altiers sur leurs méharis au galop, tournent, près de frôler le voile des femmes. Cette nuit, nous ne serons pas conviés à l'*ahal*, réunion galante codifiée où les jeunes gens se rencontrent librement. Nous ne sommes ni (très) jeunes, ni célibataires, ni touaregs ! Il y a dans le nord de l'Akakus, en Libye, une large paroi, parfaitement verticale, nommée Ti-n-Lalan. Gênés ou riant trop fort, les Touaregs nous la désignent. Je connais

Tindé, fête traditionnelle touarègue, où les femmes chantent et battent des mains, pendant que les hommes tournent autour d'elles sur leurs méharis.

bien ces attitudes que le mot tamachek *tekarqit* rendrait par « pudeur », une réserve naturelle propre à leur société. Il faut dire que l'ensemble des gravures qui s'offrent aux regards a de quoi provoquer certaines interrogations ! Des préhistoriens parmi les plus sérieux réfléchissent et écrivent beaucoup sur ces femmes ouvertes, pénétrées par des hommes masqués ou non, dont le membre viril dépasse de loin le fantasme le plus délirant. Un éminent chirurgien urologue a émis à ce sujet une idée intéressante : s'agirait-il ici de phallus postiches de cérémonie, dont la mise en œuvre symbolique permettait à leurs porteurs d'intercéder pour la virilité du groupe et donc sa fécondité ?

L'anastatique, dite « rose de Jéricho »
(Anastatica hierochuntina).

Le calotrope
(Calotropis procera).

La résistance des plantes à la sécheresse.

Dans les régions où la pluie tient du miracle, les plus redoutables ennemis sont la chaleur et l'évaporation. Beaucoup de plantes s'arrangent alors pour limiter les pertes d'eau en réduisant leur taille jusqu'à l'état de petits coussins au ras du sol, en s'enterrant partiellement ou en diminuant la surface exposée de leurs limbes jusqu'à en faire des épines ligneuses et sèches qui protègent de minuscules feuilles vernissées. Plus philosophes, d'autres plantes, telle la rose de Jéricho *(Anastatica hierochuntina)*, s'en remettent aux aléas de la pluie et du temps qui passe. Les graines, à l'intérieur des fruits secs, protégées par des rameaux ligneux recroquevillés en boule, attendent patiemment qu'une humidité suffisante leur permette de tomber sur le sol, de germer et de donner des plantules à feuilles vertes étalées en étoile qui se dépêchent de boucler leur cycle de vie avant le retour du sec. D'autres encore, à la vie brève, produisent des graines encapsulées dans une enveloppe étanche qui leur conserve très longtemps leur pouvoir germinatif. Certains végétaux vivaces veulent ignorer les dures conditions de la surface : ils plongent leurs racines dans le sol jusqu'à ce qu'elles rencontrent suffisamment d'humidité. L'*Acacia radiana*, par exemple, l'un des arbres les plus typiques des plaines et des oueds sahariens, est capable d'aller puiser l'eau à trente-cinq mètres de profondeur. Citons encore les plantes avides qui absorbent instantanément l'eau de pluie, de la rosée ou du brouillard. Elles peuvent ensuite résister sans dommage à la dessiccation. Les lichens et les algues vivent comme cela, alternant vie active et vie ralentie. Une asclépiadacée arborescente de deux à quatre mètres de hauteur, le *Calotropis procera*, se rencontre en populations nombreuses dans certains secteurs, même fréquentés par les bêtes et les hommes. Tout le monde la laisse tranquille car l'ensemble de la plante produit en abondance un latex blanc toxicardiaque.

Malgré une évidente bonne volonté à subsister, même avec des effectifs réduits, en résistant aux excès de la sécheresse, beaucoup de représentants de la flore saharienne ne pourront se défendre longtemps contre les abus d'une population humaine, si réduite et dispersée soit-elle. Le pâturage extensif, l'émondage des arbres pour nourrir le bétail et surtout les besoins en bois domestique, qui l'emportent sur les ressources et les possibilités de régénération des végétaux, menacent de désertifier davantage de vastes régions déjà désertisées.

I-n-Arahar Mellen, mars 1999. Nous quitterons bientôt l'Akakus par le nord. La piste est droite, dégagée. Dans la voiture de tête, Idhal est détendu. Bientôt El Aweinat, la famille, les amis… Brusquement, il s'arrête. Amghar et Ali sortent vite. Accroupis près d'un buisson, ils déterrent les belles inflorescences jaune vif, repérées de loin. Des cistanches, parasites aux tiges charnues, souterraines, bonnes à manger une fois nettoyées. Ces plantes-là n'ont pas la chance de posséder la fameuse chlorophylle qui leur permettrait de se débrouiller toutes seules pour subsister. Elles n'hésitent pas à sucer la sève du *Limoniastrum* buissonnant ou de la chénopodiacée appelée *hâd*, ce qui n'enlève heureusement rien à l'alimentation des dromadaires.

Au bord de la piste, Ali et Amghar déterrent les tiges succulentes de belles orobanchacées, les Cistanche tinctoria aux fleurs jaunes, parasites de buissons ou d'arbustes.

Leurs hôtes, dispersés dans le sable ou les cailloutis, ont cependant bien du mérite. Sans eau libre et par des températures extrêmes, un animal ou un homme pourra généralement trouver dans la mobilité une ultime chance de survivre, si les conditions sont trop sévères. Comment font alors les herbacées ou les arbres et arbustes qui restent prisonniers de sols glacés ou surchauffés ? Ils possèdent deux qualités majeures : un bon esprit d'invention et une grande patience. Ce qui est sûr, c'est que la constante rareté de l'eau les oblige à se disperser et à vivre un peu en égoïstes, pas forcément dans leur coin, mais en petites populations végétales qui se tolèrent et s'entraident même parfois.

Guerriers libyens paléoberbères gravés dans le kori Tagueï.

Personnage curieusement costumé gravé dans une scène pastorale du kori Tanakom.

Personnage d'allure simiesque peint près d'Ihérir, dans le Tassili-n-Ajjer central.

Nombreux sont les êtres humains qui vécurent dans le Sahara, bien avant que la sécheresse n'envahisse ses immensités. La mémoire rupestre de ces communautés, petits groupes ou populations importantes, est partout présente dans le désert, mais elle est souvent fragmentaire, éparpillée, indéchiffrable. Finalement, le mode de vie occidental, mécanisé et pressé, ne pousse-t-il pas à venir chercher au Sahara ce qu'il y a de primordial ou d'universel dans l'homme ? La belle de Oua-n-Rechla, entre une girafe et une antilope, le personnage du *kori* Tanakom, devant un zébu, les trois pasteurs du *kori* Tagueï, et l'homme inquiétant en marche sur une paroi du Tassili nous disent des cultures, des croyances, des activités, des lieux, des temps

Au sud du paléolac de Oua-n-Rechla, cette petite femme gravée, entre une girafe et une antilope, symbolise à elle seule une société saharienne disparue.

différents. Tous nous renvoient néanmoins à un commun désir, celui de manifester son existence, de marquer sa présence, quel qu'en soit le but, économique, social ou spirituel. Pour essayer de dégager ces intentions, pour tenter de déchiffrer les messages contenus dans ces lointaines images rupestres, il faut bien sûr raison garder, et conserver la rigueur de l'esprit scientifique. Toutefois, il faut aussi savoir s'éloigner des routines mentales, des ornières intellectuelles ou d'un rationalisme exclusif, de façon à rester ouvert à toute piste originale conduisant à des recherches stimulantes et des hypothèses innovantes… Un état d'esprit qui favorise l'étonnement ou le plaisir du pur émerveillement.

Cet homme du kori Tagueï, impudique et filiforme, gravé sur un rocher étroit, nous rappelle peut-être une liberté perdue.

Il y a trente ans, j'ai rencontré le Sahara. Définitivement. Longue parenthèse de lumière, il m'a permis, plus qu'ailleurs, ou du moins autrement, de connaître la nature et son extraordinaire capacité à s'adapter et à résister, les sciences de la Terre et des origines, ainsi que de découvrir une autre pensée à travers les peintures et les gravures rupestres, expression millénaire de la matérialité et de la sacralité du monde.

Clameur assourdissante du vent, longue épreuve de la poussière omniprésente, apprentissage nécessaire d'une nature qui, elle, a tout son temps, piétinements désordonnés des bêtes et des gens autour du puits, sous la canicule méridienne, miraculeuse plénitude solidaire des soirs apaisés, dans un silence enrichi de brèves paroles et de l'éclaboussement du thé haut versé dans les petits verres… tout concourt, au désert, à renouer avec l'humanité.

Plus facilement que dans l'agitation anonyme et bruyante de la grande ville aux communications artificielles, c'est au désert qu'on peut espérer la vérité dans les rencontres. Paradoxe : la rareté de l'homme dans les espaces sahariens permet de mieux appréhender l'âme humaine, celle de l'Occident et celle de l'Afrique, la nôtre, celle d'autrui. Du Sahara, il ne faut pas attendre, assis en rond sur le sable, sous des étoiles plus brillantes qu'ailleurs, qu'il nous aide à vivre mieux. Il faut d'abord apprendre à le subir pour le comprendre ; il faut vite se replacer à son exacte échelle : entre deux infinis, celui de l'espace et celui de la durée.

À France, mon épouse, éprise comme moi depuis longtemps du Sahara, de ses ciels, de ses roches vivantes et des traces de l'homme, je dédie ces images et ces visions.

Crédit photographique :

Serge Brunier (p. 63) ;
Hélène Delusset (p. 90-93 et 102) ;
Klaus Dobat (p. 82 microscope) ;
Bernadette Jacquet (p. 61) ;
Vincent Mathez (p. 88 gauche) ;
Emmanuelle Monnery (p. 3) ;
Guy Morlet (p. 37, 65, 67 et 70-71) ;
Patrick Pelletier (p. 64) ;
France Soleilhavoup (p. 5-6, 42, 46, 76-77, 125) ;
Yves Thiébaut (p. 17).

Avec une mention pour :

Raids & Méharées,
Chemin de la Saône, 01480 Messimy,
Tél. 04 74 67 89 13.

Achevé d'imprimer sur les presses de
Techniques & impressions, Rosny-sous-Bois (93).
Novembre 1999.

3